U0711463

高等法律职业教育系列教材
审定委员会

商法实训教程

SHANGFA SHIXUN JIAOCHENG

主　编○黄惠萍

副主编○杨　曼　欧超荣

撰稿人○黄惠萍　杨　曼　刘　垒
　　　　欧超荣　朱文博　王桂玲

中国政法大学出版社

2018・北京

图书在版编目（CIP）数据

商法实训教程/黄惠萍主编. —北京：中国政法大学出版社，2018.1（2021.6重印）
ISBN 978-7-5620-8016-9

Ⅰ. ①商…　Ⅱ. ①黄…　Ⅲ. ①商法－中国－教材　Ⅳ. ①D923.99

中国版本图书馆CIP数据核字(2018)第007981号

出版者　中国政法大学出版社
地　址　北京市海淀区西土城路25号
邮　箱　fadapress@163.com
网　址　http://www.cuplpress.com (网络实名：中国政法大学出版社)
电　话　010-58908435(第一编辑部) 58908334(邮购部)
承　印　固安华明印业有限公司
开　本　787mm×1092mm　1/16
印　张　12
字　数　237千字
版　次　2018年1月第1版
印　次　2021年6月第2次印刷
印　数　3001～6000册
定　价　36.00元

总序

高等法律职业化教育已成为社会的广泛共识。2008年，由中央政法委等15部委联合启动的全国政法干警招录体制改革试点工作，更成为中国法律职业化教育发展的里程碑。这也必将带来高等法律职业教育人才培养机制的深层次变革。顺应时代法治发展需要，培养高素质、技能型的法律职业人才，是高等法律职业教育亟待破解的重大实践课题。

目前，受高等职业教育大趋势的牵引、拉动，我国高等法律职业教育开始了教育观念和人才培养模式的重塑。改革传统的理论灌输型学科教学模式，吸收、内化“校企合作、工学结合”的高等职业教育办学理念，从办学“基因”——专业建设、课程设置上“颠覆”教学模式：“校警合作”办专业，以“工作过程导向”为基点，设计开发课程，探索出了富有成效的法律职业化教学之路。为积累教学经验、深化教学改革、凝塑教育成果，我们着手推出“基于工作过程导向系统化”的法律职业系列教材。

《国家（2010～2020年）中长期教育改革和发展规划纲要》明确指出，高等教育要注重知行统一，坚持教育教学与生产劳动、社会实践相结合。该系列教材的一个重要出发点就是尝试为高等法律职业教育在“知”与“行”之间搭建平台，努力对法律教育如何职业化这一教育课题进行研究、破解。在编排形式上，打破了传统篇、章、节的体例，以司法行政工作的法律应用过程为学习单元设计体例，以职业岗位的真实任务为基础，突出职业核心技能的培养；在内容设计上，改变传统历史、原则、概念的理论型解读，采取“教、学、练、训”一体化的编写模式。以案例等导出问题，根据内容设计相应的情境训练，将相关原理与实操训练有机地结合，围绕关键知识点引入相关实例，归纳总结理论，分析判断解决问题的途径，充分展现法律职业活动的演进过程和应用法律的流程。

法律的生命不在于逻辑，而在于实践。法律职业化教育之舟只有驶入法律实践的海洋当中，才能激发出勃勃生机。在以高等职业教育实践性教学改革为平台进行法律职业化教育改革的路径探索过程中，有一个不容忽视的现实问题：高等职业教育人才培养模式主要适用于机械工程制造等以“物”作为工作对象的职业领域，而法律职业教育主要针对的是司法机关、行政机关等以“人”作为工作对象的职业领域，这就要求在法律职业教育中对高等职业教育人才培养模式进行“辩证”地吸纳与深化，而不是简单、盲目地照搬照抄。我们所培养的人才不应是“无生命”的执法机器，而是有法律智慧、正义良知、训练有素的有生命的法律职业人员。但愿这套系列教材能为我国高等法律职业化教育改革作出有益的探索，为法律职业人才的培养提供宝贵的经验、借鉴。

2016年6月

前言

《商法实训教程》隶属广东司法警官职业学院高等法律职业教育系列自编教材。本教材的编写基于高等法律职业教育办学理念，以培养高等法律职业教育技能型、应用型人才为目标；以工作过程为导向，以法律职业岗位典型工作任务为驱动。

商法实训，是《商法原理与实务》课程教学内容的重要组成部分，实训以商事活动中核心环节和常见的商事纠纷真实案例设计实训技能训练项目的学习情境，旨在使学生在已熟悉理解了商事法律基本原则和基本原理等法律专业知识的基础上，通过各专项实训技能训练，包括商法基本原理实训、公司法实训、证券法实训、保险法实训、票据法实训、破产法实训等商事领域活动核心环节的法律实务的真实情境实训，培养学生独立分析情境案例、独立查阅相关资料、独立思考案件解决途径、独立撰写分析报告等相关法律文书写作能力和处理法律实务的职业核心能力；学生得以在技能实训中，理解专业知识、掌握职业技能，并内化为自己的知识体系以及形成解决商事法律实务问题的思维、方法和岗位核心技能；增强和提升学生的专业操作技能。

本教程分为六大技能实训单元：单元一“商法基本原理实训”；单元二“公司法实训”；单元三“证券法实训”；单元四“保险法实训”；单元五“票据法实训”；单元六“破产法实训”。

在教程的编写工作中，编写组成员参阅和借鉴了国内外相关学者、专家们的研究成果和文献资料，在此向他们表示诚挚的感谢！同时也感谢广东司法警官职业学院教材编写委员会对本教程编写工作的大力支持！

本书由黄惠萍主编，杨曼、欧超荣副主编。各单元编写具体分工如下：

黄惠萍、杨　曼、刘　垒：单元一

黄惠萍：单元二

杨　曼：单元三

欧超荣：单元四

朱文博：单元五

王桂玲：单元六

编者在编写工作中虽尽心尽力，但不当、错谬在所难免，真诚欢迎读者和专家对本教程提出批评和建议。

编　者

2017 年 10 月

目录
Contents

单 元 一

商法基本原理实训

专项实训一　商法基本原则的适用

一、维持商事组织原则

商法是民法的特别法，商法有其特有的基本原则，主要包括维持商事组织原则、维护交易安全原则、促进交易迅捷原则和维护交易公平原则。商事组织是商事关系的核心要素，商事组织的稳定和发展是社会经济发展的必然要求，商法设定了多种制度以维持商事组织，避免商事组织解体，体现了维持商事组织原则，主要包括：

（一）商事组织设立的准则主义

商法对商事组织的设立采取准则主义，规定了各类商事组织设立的条件，只有具备相应的法定条件，方可设立商事组织。

（二）商事组织的财产维护规则

商法中有诸多规则以维护商事组织财产，使商事组织的财产独立于或相对独立于其投资人的财产，并尽量避免商事组织的财产在正常经营活动之外的减损。

（三）有限责任制度

商事组织的投资人以其出资额为限对商事组织的债务承担责任。有限责任制度是现代企业制度的核心，它使投资人投资于商事组织的风险可控，也使商事组织更为独立、稳固。

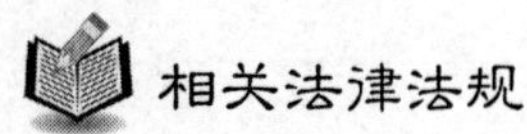
相关法律法规

《中华人民共和国公司法》

第一百八十二条 公司经营管理发生严重困难，继续存续会使股东利益受到重大损失，通过其他途径不能解决的，持有公司全部股东表决权百分之十以上的股东，可以请求人民法院解散公司。

二、维护交易安全原则

商法追求交易迅捷，同时也注重维护交易安全，维护交易安全是商法的基本原则之一。商法维护交易安全的制度主要有：

（一）强制主义

商法运用强行法规则对商事活动加以控制，符合规则的商事活动方可进行，同时，运用强行法规则对某些商行为加以规范制约，这些商行为的形式、内容均须依照商法规定，不由当事人任意为之。

（二）公示主义

公示是商事活动的当事人将涉及利害关系人利益的商事活动的事实或信息加以登记、公开。公示是保护交易相对人、维护交易安全的基础手段，商法对商事主体普遍要求公示。

（三）外观主义

外观主义是指依商事行为的外观来确定该行为的效力，纵使行为的外观与真实情形不符，对于其他商事主体依据对该外观的合理信赖而进行的商行为，仍然应当加以保护。外观主义旨在保护善意第三人，从而维护交易安全。

（四）严格的法律责任

商法将商事主体视为具备专业知识的主体而严格要求，为维护交易安全，相比民法而言，商法对商事主体规定了更为严格的法律责任，且更多地运用连带责任的方式。

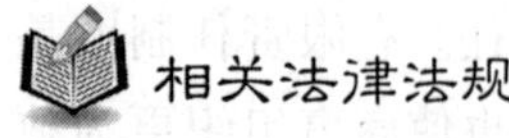
相关法律法规

《中华人民共和国公司法》

第三十条 有限责任公司成立后，发现作为设立公司出资的非货币财产的实际价额显著低于公司章程所定价额的，应当由交付该出资的股东补足其差额；公司设立时的其他股东承担连带责任。

实训目的

通过对真实案例的讨论，理解公司法规则对解散公司的严格限制以及对公司股东规定的严格的法律责任，加深对商法的维持商事组织原则和维护交易安全原则的理解。

实训形式一——课堂讨论、形成对本案的处理意见

（一）实训素材

利达公司由陈某、李某某、孙某和杨某某共同出资组建，于2004年10月22日登记成立。2009年10月12日，该公司股东变更为李某某和周某，公司法定代表人李某某为执行董事、总经理，周某为公司监事，李某某持股比例为51%，周某持股比例为49%。利达公司原注册资本（实收资本）为800万元，2009年11月2日，该公司增加注册资本（实收资本）1200万元，由股东李某某和周某按持股比例缴足，变更后的注册资本为人民币2000万元。利达公司章程载明：股东会对公司增加或者减少注册资本、分立、合并、解散或者变更公司形式、设立公司作出的决议，必须经全体股东通过。公司章程另载明：公司不设董事会，只设执行董事一名，对股东会负责并向股东会报告工作，执行股东会的决议，制定公司年度财务预决算方案、利润分配方案、弥补亏损方案，决定公司内部管理机构的设置；公司不设监事会，只设监事一名，对执行董事、经理等执行公司职务人员的行为进行监督。

2012年10月28日，周某向利达公司及李某某送达了《关于召开临时股东会的提议和转让股权的通知》，就其拟转让股权的事项及召开股东会的事宜进行了告知。之后，周某又向李某某送达了关于转让股权的数次函告。2012年11月6日，李某某对周某进行回函，通知其参加股东会，但双方未就股权转让事宜达成一致意见。此后，双方就召开股东会、检查公司财务事宜多次进行过往来函件。2013年6月20日，周某与案外人许某签订《股权转让协议》，周某将其持有的利达公司49%的股权转让给许某，约定股权转让金额为5000万元。2013年8月5日，许某向法院起诉，请求判令周某及利达公司变更股东名册并办理股权转让工商变更登记。2013年9月30日，周某与许某签订了《解除〈股权转让协议〉合同》。法院裁定准许许某撤回起诉。2014年6月13日，周某向法院起诉利达公司，要求查阅公司会计账簿、财务会计报告、股东会决议等。法院审理后，判决利达公司向周某提供查阅、复制自2009年9月以来至判决确定履行之日的股东会会议记录、财务会计报告，并提供查阅自2009年9月以来至判决确定履行之日的公司会计账簿。利达公司不服，提起上诉。上级法院终审维持了前述判决。周某于2015年6月11日向法院申请执行前述判决，法院予以受理。该案尚在执行过程中。

2016年1月8日，周某向原审法院起诉称，自2010年以来利达公司股东长期处于冲突之中，用尽公司内部救济途径与其他途径已经无法解决股东之间的矛盾。特别是自2014年7月李某利生病至今，该公司被李某利儿子李某波实际侵占，完全处于瘫痪状态，公司继续存续将严重损害周某的合法权益。故请求判令解散利达公司。

利达公司答辩称利达公司至今仍在正常营业，其决策和管理机制并未处于瘫痪状态，经营管理未发生严重困难。利达公司称对孙某、杨某某与周某订立的《股权转让协议》上的孙某、杨某某签字的真实性存疑，周某受让孙某、杨某某股权的行为存在重大瑕疵，在未确定其受让股权的真实性、合法性之前，周某不具备提起本案诉讼的主体资格。

（二）实训要求

1. 学生分小组讨论，根据案例素材，分析利达公司有无证据证明周某取得利达公司股权的行为存在瑕疵，是否应当否认周某受让股权的合法性、真实性，周某是否具备本案诉讼主体资格。

2. 学生讨论利达公司是否出现僵局，公司内部事务是否处于无法决策的瘫痪的状态，公司是否无法正常进行经营活动。

3. 学生对是否应该解散利达公司提出主张并进行辩论，形成对本案的处理意见。

要点指导

1. 公司法体现维持公司原则，只有当公司僵局出现，并且穷尽一切可能的救济手段仍不能化解公司僵局时，才能通过司法程序强制解散公司。“公司僵局”是指在公司存续期间，由于股东、董事之间的矛盾冲突激烈，使得股东会、董事会等权力和决策机关陷入权力对峙、无法表决，进而导致公司内部事务处于瘫痪的状态，公司正常经营活动无法进行的情形。

2. 本案应当重点分析利达公司章程规定的公司内部管理机构的设置和公司决策的制度安排，分析公司是否已经处于无法决策的瘫痪状态，判断公司是否陷入僵局，进而得出是否应当司法解散公司的结论。

实训形式二——课堂讨论、形成对本案的处理意见

（一）实训素材

2014年2月，甲乙两人决定一起投资开办一家制衣公司，但是苦于没有经营场地。经多方打听，两人找到了有500平方米厂房的丙。经协商后决定，三人一起出资成立新丽奇制衣公司。公司注册资金为800万元，其中，甲出资240万元，占30%的股份；乙出资160万元，占20%的股份；丙的厂房作价400万元，占50%的股份。但是经评估公司评估，该厂房的市场价值仅为240万元。丙通过一番运作，最终获得了公司登记。公司成立后，由于三人的经营理念差别较大，经营并不理想。至2016年9月，新丽奇公司已经负债累累，其中包括欠了债权人陈某160万元。甲、乙、丙三人合计后，决定以股东会决议形式将公司解散，并注销了公司。债权人陈某在得知新丽奇公司关闭后，立即向新丽奇公司原股东甲、乙、丙追讨160万元债务，但甲、乙、丙均以此160万元债务系新丽奇公司所欠，应当由新丽奇公司独立偿还为由拒绝。新丽奇公司已人去楼空，厂房也已经抵债给了其他债权人。陈某经过调查，发现丙的厂房过高评估的事实。掌握相应证据后，债权人陈某向法院起诉，请求追究丙的瑕疵出资责任，要求丙补交其厂房实际价值与新丽奇公司章程记载的丙的出资额之间的差额160万元，用于偿还陈某的债务，并要求新丽奇公司另两名股东甲和乙对此负连带责任。

（二）实训要求

1. 学生学习公司法关于股东出资义务的相关规定，理解公司的注册资本的法律意义。

2. 学生分小组讨论，根据案例素材，分析丙的非货币出资不实损害了哪些主体的合法利益，陈某主张丙补足出资是否合理合法。

3. 学生讨论新丽奇公司原股东甲和乙对丙的补足出资以偿还陈某债务是否应当负连带责任。

4. 学生讨论、总结商法对商事主体规定的严格的法律责任对于维护商事交易安全的意义。

5. 形成对本案的处理意见。

要点指导

1. 有限责任公司具备独立法人资格，其必要条件是公司有独立资本，公司资本是公司运作的物质基础及对外信誉、对外承担责任的物质保障。股东对公司的出资是公司资本形成的基础，股东足额出资是其享受有限责任待遇的前提。股东表面上出资而实际未出资，是将投资风险转嫁他人。

2. 股东共同投资设立公司的行为是以营利为目的的商事行为，公司法规定其相比于从事一般民事行为承担更严格的法律责任，以维护交易相对人的交易安全。

专项实训二　普通合伙企业的设立、解散和清算

基本知识

一、普通合伙企业的设立

普通合伙企业是自然人、法人和其他组织依照《合伙企业法》设立、由普通合伙人组成，合伙人对合伙企业债务承担无限连带责任的营利性组织。

依照《合伙企业法》的规定，设立普通合伙企业，依法应当具备的条件是：有2个以上合伙人，合伙人为自然人的，应当具有完全民事行为能力；有书面合伙协议；有合伙人认缴或者实际缴付的出资；有合伙企业的名称和生产经营场所。合伙企业名称中的组织形式后应当标明“普通合伙”或者“特殊普通合伙”字样。

为避免国有资产流失以及涉及公众利益的主体承担无限责任的风险，国有独资公司、国有企业、上市公司以及公益性的事业单位、社会团体不得成为普通合伙人。

合伙企业各合伙人的权利义务以及合伙企业利益分配等重要事项，均由合伙人以合伙协议约定，合伙协议是合伙企业设立的重要基础。合伙协议依法必须由全体合伙人协商一致、以书面形式订立。

各合伙人按照合伙协议的约定向合伙企业出资，合伙人可以用货币、实物、知识产权、土地使用权或者其他财产权利出资，也可以用劳务出资。

合伙企业必须经依法登记，领取合伙企业营业执照后，方可从事经营活动。

相关法律法规

《中华人民共和国合伙企业法》

第十四条　设立合伙企业，应当具备下列条件：

（一）有二个以上合伙人。合伙人为自然人的，应当具有完全民事行为能力；

（二）有书面合伙协议；

（三）有合伙人认缴或者实际缴付的出资；

（四）有合伙企业的名称和生产经营场所；

（五）法律、行政法规规定的其他条件。

第十五条　合伙企业名称中应当标明“普通合伙”字样。

第十六条　合伙人可以用货币、实物、知识产权、土地使用权或者其他财产权利出资，也可以用劳务出资。

合伙人以实物、知识产权、土地使用权或者其他财产权利出资，需要评估作价的，可以由全体合伙人协商确定，也可以由全体合伙人委托法定评估机构评估。

合伙人以劳务出资的，其评估办法由全体合伙人协商确定，并在合伙协议中载明。

第十七条　合伙人应当按照合伙协议约定的出资方式、数额和缴付期限，履行出资义务。

以非货币财产出资的，依照法律、行政法规的规定，需要办理财产权转移手续的，应当依法办理。

第十八条　合伙协议应当载明下列事项：

（一）合伙企业的名称和主要经营场所的地点；

（二）合伙目的和合伙经营范围；

（三）合伙人的姓名或者名称、住所；

（四）合伙人的出资方式、数额和缴付期限；

（五）利润分配、亏损分担方式；

（六）合伙事务的执行；

（七）入伙与退伙；

（八）争议解决办法；

（九）合伙企业的解散与清算；

（十）违约责任。

第十九条　合伙协议经全体合伙人签名、盖章后生效。合伙人按照合伙协议享有权利，履行义务。

修改或者补充合伙协议，应当经全体合伙人一致同意；但是，合伙协议另有约定的除外。

合伙协议未约定或者约定不明确的事项，由合伙人协商决定；协商不成的，依照本法和其他有关法律、行政法规的规定处理。

二、普通合伙企业的解散和清算

合伙企业有全体合伙人决定解散、期限届满、约定的解散事由出现、合伙人已不具备法定人数、被吊销营业执照等法定的解散情形的，应当解散。

合伙企业解散，应当由清算人进行清算。清算人由全体合伙人担任；经全体合伙人过半数同意，可以指定一个或者数个合伙人，或者委托第三人，担任清算人。自合伙企业解散事由出现之日起 15 日内未确定清算人的，合伙人或者其他利害关系人可以申请人民法院指定清算人。

清算结束，清算人应当编制清算报告，经全体合伙人签名、盖章后，向企业登记机关报送清算报告，申请办理合伙企业注销登记。合伙企业注销后，原普通合伙人对合伙企业存续期间的债务仍应承担无限连带责任。

合伙企业不能清偿到期债务的，债权人可以依法向人民法院提出破产清算申请，也可以要求普通合伙人清偿。合伙企业依法被宣告破产的，普通合伙人对合伙企业债务仍应承担无限连带责任。

相关法律法规

《中华人民共和国合伙企业法》

第八十五条　合伙企业有下列情形之一的，应当解散：

（一）合伙期限届满，合伙人决定不再经营；

（二）合伙协议约定的解散事由出现；

（三）全体合伙人决定解散；

（四）合伙人已不具备法定人数满三十天；

（五）合伙协议约定的合伙目的已经实现或者无法实现；

（六）依法被吊销营业执照、责令关闭或者被撤销；

（七）法律、行政法规规定的其他原因。

第八十六条 合伙企业解散，应当由清算人进行清算。

清算人由全体合伙人担任；经全体合伙人过半数同意，可以自合伙企业解散事由出现后十五日内指定一个或者数个合伙人，或者委托第三人，担任清算人。

自合伙企业解散事由出现之日起十五日内未确定清算人的，合伙人或者其他利害关系人可以申请人民法院指定清算人。

第八十九条 合伙企业财产在支付清算费用和职工工资、社会保险费用、法定补偿金以及缴纳所欠税款、清偿债务后的剩余财产，依照本法第三十三条第一款的规定进行分配。

操作技能实训

实训目的

通过案例模拟谈判协商设立合伙企业、草拟合伙协议，学生得以深入理解设立合伙企业的法定条件，掌握合伙协议的形式和内容要求。通过诉讼模拟法庭辩论，认定合伙企业解散、清算行为的合法性，辩明各合伙人的权利义务与法律责任，透彻理解合伙企业的性质和法律特征，并初步掌握法律文书的写作要领。

实训形式一——模拟协商订立合伙协议

（一）实训素材

罗某、张某、李某与林某各自在高坪镇经营网吧，罗某经营星火网吧，张某经营迅腾网吧，李某经营新世界网吧，林某经营快尚网吧。现罗某、张某、李某与林某打算以各自经营的网吧全部设备及经营场所作为合伙投资财产共同经营网吧业务，一致认同为均等财产出资，成立一家合伙企业。从合伙之日起按现有各自经营的网吧由各合伙人进行经营和管理，每天进行营业清算并按合伙人平均分配当日收益，额外利益也平均分配；风险责任均由合伙人共同平均分担。合伙人在经营中必须秉持诚信服务、热情接待的原则，不得消极经营，更不能指使或变相指使顾客到合伙人经营的其他网吧消费。如有违约，由违约方承担违约金 10 000 元。为减少办证麻烦，4 名当事人决定共同拥有星火网吧和新世界网吧两个执照共同经营网吧。星火网吧系以罗某的名义办理的个人独资企业营业执照，新世界网吧系以李某的名义办理的个人独资企业营业执照。

（二）实训要求

1. 学生讨论上述 4 名合伙人设立合伙企业的方案有无违反《合伙企业法》之处，

是否具备设立合伙企业的法定条件。

2. 学生分成4个小组，分别代表罗某、张某、李某与林某四方进行模拟谈判，协商《合伙协议》的具体条款。

3. 学生拟订该合伙企业的《合伙协议》。

要点指导

1. 合伙是一种合伙人自愿结合、灵活机动的合作方式，因而，法律对合伙企业的干预较少，合伙人对合伙企业有充分的自治权，合伙企业各合伙人的权利义务、合伙企业事务的执行、合伙人对合伙企业的投资以及合伙企业利益分配等重要事项，均可依法由合伙人以合伙协议约定。合伙协议应当依照《合伙企业法》的规定载明法定事项。

2. 合伙企业是由合伙人组成的企业组织，区别于合伙人个人，也不同于个人独资企业，合伙企业必须经依法登记，领取合伙企业营业执照后，方可从事经营活动。

实训形式二——模拟法庭辩论、制作民事判决书或民事调解书

（一）实训素材

2014年5月间，甲、乙、丙三人合伙成立美家建材综合经营部，主要经营建筑材料，合伙人每人投资额为7万元。在经营中，由甲负责财务收支及进货工作，由乙及丙负责销售工作。2015年1月23日，美家建材综合经营部经3个合伙人结算并书面记载确认了3项事务：①乙欠美家应收款112 688元；②丙欠美家应收款28 565元；③甲借给美家128 314元，乙、丙收应收款后首先偿还该借款。2015年2月15日，3个合伙人经对美家建材综合经营部进行结算，决定散伙，由乙盘下美家经营部的全部货物及应收款，然后乙向甲出具欠条，载明“本人乙欠甲美家建材综合经营部转让费贰拾贰万元整（￥220 000），双方协商定于2015年3月15日之前一次性付清给甲，如本人违约，违约金伍万元（￥50 000）。欠款人：乙　2015年2月15日。见证人林某、徐某、张某”。

由于乙与甲约定的付款期限届满后，乙未履行付款义务，甲经多次催收未果，遂于2015年3月23日向法院提起诉讼，请求判令乙一次性付清甲欠款计人民币220 000元、判令乙支付违约金50 000元，诉讼费用由乙承担。

证人林某出庭作证，证实2015年2月15日其作为见证人，证实美家经营部3个合伙人当天夜晚进行结算，由乙盘下店子及应收账款以后，乙向甲出具了欠条，其本人作为见证人签名。证人丙出庭作证，证实在2015年2月15日其作为合伙人之一参与结算，其本人的投资款，因为中途自己的房屋装修需要用钱，所以其向甲预先借支了投资款，散伙时其本人的份额算计在甲份内。在散伙时实际结算金额在甲、乙之间，结算的金额反映了当时的真实情况，按照欠条内容乙应支付给甲22万元，本人的份额是

包含在内的。丙表明不愿意参加诉讼并愿意放弃实体权利，确认在22万元中，包含了其本人的份额，同意划归在甲名下。乙抗辩认为，散伙时对账务结算并不十分明确，当时的出发点是，本人是本地人，如果盘下店子来的话，对经营活动比较有利，欠条是本人写的，但是它是甲写好以后本人照抄的，违约金5万元，是朋友之间开玩笑的，不是真实意思表示。现在，店子经营举步维艰，本人愿意将店子归还给甲，本人的投资款7万元可以不要了，由甲去经营。

（二）实训要求

1. 学生分成原告、被告、审判人员、证人各组，对各自的主张进行模拟法庭辩论。
2. 学生讨论对本案应当如何处理。
3. 学生根据模拟法庭辩论结果制作民事判决书或民事调解书。

要点指导

1. 本案首先应当注意合伙企业解散、清算行为的合法性认定。合伙企业是2个以上的合伙人共同出资、共同经营、共负盈亏的营利性组织。普通合伙人对合伙企业债务依法承担无限连带责任。合伙企业的解散，是指已经依法设立的合伙企业，因合伙协议约定事由或者法定事由的出现而停止企业的对外积极活动，开始企业的清算，处理未了结事务并使企业消灭（注销）的法律行为。解散事由可以由全体合伙人决定解散。合伙企业的清算，是指当合伙企业出现合伙协议或者法律、行政法律所规定的解散事由以后，法律规定合伙企业应当清理本企业的债权、债务的法律行为。清算人由全体合伙人担任。

2. 关于逾期还款违约金，可以由当事人自愿约定。约定的违约金低于造成的损失的，当事人可以请求人民法院或者仲裁机构予以增加；约定的违约金过分高于造成的损失的，当事人可以请求人民法院或者仲裁机构予以适当减少。

专项实训三　个人独资企业的设立与债务承担

基本知识

一、个人独资企业的设立

设立个人独资企业应当具备的条件包括：投资人为一个自然人；有合法的企业名称；有投资人申报的出资；有固定的生产经营场所和必要的生产经营条件；有必要的从业人员。个人独资企业的名称应当与其责任形式及从事的营业相符合。对于投资人对个人独资企业的出资数额，法律未作限制或要求。法律也未干预个人独资企业的内部机构设置。

投资人设立个人独资企业，应当向个人独资企业所在地的登记机关提出设立申请，领取营业执照后方可从事经营活动。个人独资企业经申请登记也可设立分支机构。

个人独资企业的投资人以其个人财产对企业债务承担无限责任。个人独资企业为其投资人一人所拥有，收益为其个人所得，企业的风险、债务也理应由其个人承担，并且，由于个人独资企业的财产与其投资人的其他个人财产在本质上是一致的，投资人的其他个人财产也应当与企业的财产一起构成清偿企业债务的基础。个人独资企业投资人在申请企业设立登记时明确以其家庭共有财产作为个人出资的，应当依法以家庭共有财产对企业债务承担无限责任。

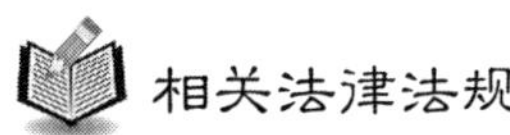
相关法律法规

《中华人民共和国个人独资企业法》

第八条　设立个人独资企业应当具备下列条件：

（一）投资人为一个自然人；

（二）有合法的企业名称；

（三）有投资人申报的出资；

（四）有固定的生产经营场所和必要的生产经营条件；

（五）有必要的从业人员。

第九条　申请设立个人独资企业，应当由投资人或者其委托的代理人向个人独资企业所在地的登记机关提交设立申请书、投资人身份证明、生产经营场所使用证明等文件。委托代理人申请设立登记时，应当出具投资人的委托书和代理人的合法证明。

个人独资企业不得从事法律、行政法规禁止经营的业务；从事法律、行政法规规定须报经有关部门审批的业务，应当在申请设立登记时提交有关部门的批准文件。

第十条　个人独资企业设立申请书应当载明下列事项：

（一）企业的名称和住所；

（二）投资人的姓名和居所；

（三）投资人的出资额和出资方式；

（四）经营范围。

第十一条　个人独资企业的名称应当与其责任形式及从事的营业相符合。

第十八条　个人独资企业投资人在申请企业设立登记时明确以其家庭共有财产作为个人出资的，应当依法以家庭共有财产对企业债务承担无限责任。

二、个人独资企业的债务承担

个人独资企业是指依照《个人独资企业法》在中国境内设立，由一个自然人投资，财产为投资人个人所有，投资人以其个人财产对企业债务承担无限责任的经营实体。

个人独资企业不具备法人资格。个人独资企业的财产为投资人个人所有，个人独资企业的投资人对个人独资企业的财产，与其个人的其他财产并无实质上的区别。个人独资企业的投资人以其个人财产对企业债务承担无限责任。

个人独资企业是一个经营实体，个人独资企业不等同于其投资人，而是与其投资人相分离，其人格、财产和责任均具有相对独立性。个人独资企业在对其债务的承担上，应先以其独立的企业自身财产承担责任，只有当个人独资企业的财产不足以清偿债务时，才由投资人以其个人其他财产予以清偿。

相关法律法规

《中华人民共和国个人独资企业法》

第二条 本法所称个人独资企业，是指依照本法在中国境内设立，由一个自然人投资，财产为投资人个人所有，投资人以其个人财产对企业债务承担无限责任的经营实体。

第二十八条 个人独资企业解散后，原投资人对个人独资企业存续期间的债务仍应承担偿还责任，但债权人在五年内未向债务人提出偿债请求的，该责任消灭。

第三十一条 个人独资企业财产不足以清偿债务的，投资人应当以其个人的其他财产予以清偿。

操作技能实训

实训目的

通过案例模拟个人独资企业设立申请训练加深，理解个人独资企业的性质和法律特征，掌握设立个人独资企业的法定条件和程序；通过实际案例操作训练，能依法对个人独资企业的债务承担作出正确的判断，并能运用所学知识处理相关商事实务。

实训形式一——模拟个人独资企业设立申请

（一）实训素材

在大城市工作的王某回到家乡，发现村镇越来越多的农户利用互联网出售农产品。王某决定回家乡创业，成立一家提供网络技术服务的企业进行经营。王某计划设立的企业为个人独资企业，企业名称暂定为“速达网络技术服务公司”。王某向母亲要求用家里一间临街的房子作为店面并登记为经营场所，母亲声明这间房子是分给王某的弟弟王甲的，王某可以暂时使用，但是等年底王甲的婚期一到，这房子就要收回给王甲结婚用。王某向母亲保证等王甲要用房子，他会另租店面。王某打算凭自己的技术接活，不需要投入多少资金，但为了向客户显示实力，王某打算将店面房作价 10 万元作为对新设企业的出资额。

（二）实训要求

1. 讨论王某拟设立的个人独资企业是否具备法定的设立条件，王某设立个人独资企业的计划有无违反《个人独资企业法》之处。

2. 制作该个人独资企业设立申请书。

3. 列出申请设立该个人独资企业所需的向登记机关提交的文件。

要点指导

1. 设立个人独资企业必须具备《中华人民共和国个人独资企业法》规定的设立条件；个人独资企业不是一人公司，个人独资企业的名称应当与其责任形式及从事的营业相符合。

2. 个人独资企业投资人在申请企业设立登记时明确以其家庭共有财产作为个人出资的，应当依法以家庭共有财产对企业债务承担无限责任。

实训形式二——撰写代理词、模拟法庭辩论

（一）实训素材

2006年，陈某、米某、闫某三人合伙竞买原县造纸厂土地使用权及地上附属房屋，其中陈某出资508732元，米某出资198万元，闫某出资80万元。陈某、米某、闫某竞拍该土地使用权中标后，该宗土地使用权于2007年6月1日登记在陈某个人名下。2007年4月26日，陈某在该宗土地上建造厂房，并成立个人独资企业吉顺塑料厂，该厂由陈某单独出资，出资额为260万元。

陈某、米某、闫某合伙竞拍成功后，未共同经营。2012年12月30日，吉顺塑料厂作为甲方与米某、闫某作为乙方签订退股协议，约定：①甲乙双方于2006年合伙购买原县造纸厂土地房产1处，甲方出资508 732元，乙方出资278万元，其中米某出资198万元，闫某出资80万元，并签订了双方协议进行公证。②因乙方经济压力大，欠外债累累，借款本金和利息无法还清，每天逼债人太多，致使我们无能为力，在这种情况下，经双方协商，乙方所投资278万元及利息，全部由甲方退还乙方。③经甲乙双方协商，乙方所投资278万元自2006年12月30日至2012年12月30日由甲方支付乙方利息。经计算甲方应向乙方闫某支付本息264万元，应向米某支付本息315万元，具体数额按算账金额借条为准，甲方给乙方出具总借条。④退股后，甲方应支付米某、闫某的钱，等政府对该土地进行收储、甲方取得补偿款后，甲方一次性付给乙方及时全部清账，否则一切法律经济责任由甲方承担。米某、闫某、陈某分别在协议上签名，并加盖吉顺塑料厂印章。协议签订后，陈某分别给米某、闫某出具一份借条，陈某给米某出具的借条载明：今借到米某现金315万元，算账以退股协议为准。借款人陈某。2012年12月30日（条据加盖吉顺塑料厂印章）。

2013年9月1日，县土地收储中心与陈某（吉顺塑料厂）签订国有建设用地使用权收购合同，约定收购陈某该宗土地的土地使用权和厂房。同年10月20日，经陈某申请，县土地收储中心解除了该国有土地使用权收购合同。2014年6月7日，陈某向工商行政管理部门申请注销吉顺塑料厂。2014年7月23日，吉顺塑料厂被核准注销。吉顺塑料厂在注销前未进行清算。陈某也未提供证据证明自己的财产独立于吉顺塑料厂。

米某诉至法院，请求判令陈某偿还米某借款本息合计315万元。陈某辩称其与米某签订退股协议、给米某出具借条及与米某结算的行为是职务行为，不是个人行为，是吉顺塑料厂与米某签订退股协议和打借条，应由吉顺塑料厂承担责任，不应由陈某向米某还款；陈某辩称吉顺塑料厂不能履行退股协议约定的偿还借款的原因是政府改变国有土地使用权收储政策，而不是吉顺塑料厂为自己的不正当利益阻止条件不成就，履行偿还借款的条件不具备，应驳回米某的起诉。

（二）实训要求

1. 学生分成2组，研究案件材料后，分别以原告代理人、被告代理人的立场起草代理意见。

2. 学生对本案进行模拟法庭辩论；明确个人独资企业的债务如何承担。

3. 学生对模拟法庭辩论中己方的观点进行进一步提炼、补充，撰写代理词。

要点指导

1. 本案首先要考虑讼争款项是否由合伙出资竞买土地使用权款转化为借款，借贷关系是否成立。

2. 重点辩论315万元借款的借款人是谁、吉顺塑料厂的性质及其债务该如何承担。

专项实训四　区分商事行为与一般民事行为

基本知识

商事行为，又称商行为，是指以营利为目的而进行的经营行为。

商事行为有别于一般民事行为，不仅应受民法规范调整，也应由商事行为法对其特别规制，并且，商事行为法优先于民法而适用。

基于商事行为的逐利目的和商人的职业性，商事行为法在规则设计上通常更加注重商事行为的灵活性、外观性和有偿性，追求商事行为的效率与安全，同时，也对职业性的商事主体的信息披露义务和注意义务有较高的要求，也即商人在与非商人开展商事活动时应当负有较重的信息披露义务，商人在与非商人开展商事活动时应当负有较高程度的谨慎和注意义务尤其是尽职调查义务。

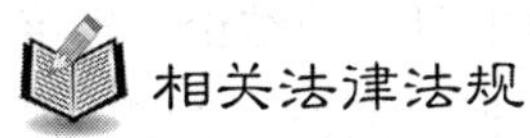
相关法律法规

《中华人民共和国保险法》

第二条　本法所称保险，是指投保人根据合同约定，向保险人支付保险费，保险人对于合同约定的可能发生的事故因其发生所造成的财产损失承担赔偿保险金责任，或者当被保险人死亡、伤残、疾病或者达到合同约定的年龄、期限等条件时承担给付保险金责任的商业保险行为。

第十四条　保险合同成立后，投保人按照约定交付保险费，保险人按照约定的时间开始承担保险责任。

第二十三条　保险人收到被保险人或者受益人的赔偿或者给付保险金的请求后，应当及时作出核定；情形复杂的，应当在三十日内作出核定，但合同另有约定的除外。保险人应当将核定结果通知被保险人或者受益人；对属于保险责任的，在与被保险人或者受益人达成赔偿或者给付保险金的协议后十日内，履行赔偿或者给付保险金义务。保险合同对赔偿或者给付保险金的期限有约定的，保险人应当按照约定履行赔偿或者给付保险金义务。

保险人未及时履行前款规定义务的，除支付保险金外，应当赔偿被保险人或者受益人因此受到的损失。

任何单位和个人不得非法干预保险人履行赔偿或者给付保险金的义务，也不得限制被保险人或者受益人取得保险金的权利。

《中华人民共和国商业银行法》

第六条　商业银行应当保障存款人的合法权益不受任何单位和个人的侵犯。

操作技能实训

实训目的

加深理解商事行为的概念和法律特征。通过案例讨论，理解商事行为与一般民事行为的不同之处，并练习制作判决书。通过模拟法庭辩论，理解法律对商人从事商事行为的严格要求。

实训形式一——案例讨论、制作判决书

（一）实训素材

2014 年 6 月 1 日，林某与某保险公司签订了保险合同，为自己的家用小汽车投保了机动车辆损失险，保险金额为 20 万元，保险期为 1 年。林某按合同约定交纳了保险费。保险公司签发了保险单。2014 年 9 月 5 日，林某投保的小汽车突然起火，林某立即报警，同时通知保险公司。事后，消防部门作出了“起火原因不明”的结论。经鉴定，车辆损失16万元。林某向保险公司提出索赔，提供了各种单据、报告、证明。保险公司以不在承保范围为由拒绝赔偿，理由是：“起火原因不明”，不能排除保险条款中写明的除外责任，林某不能证明车辆起火事故属于保险责任范围。林某遂将该保险公司诉至法院。

法庭上，林某诉称，小汽车是新买的，投保车辆损失险时保险公司并未告知其免责条款，发生的事故属于保险事故，但保险公司拖延推诿不予理赔。林某请求法院判令保险公司赔付车辆损失16万元。保险公司则辩称，林某没有为涉案车辆投保火灾、自燃、爆炸险种，仅提供了车辆损失程度的证明，不能证明讼争车辆被烧毁属承保范围。此外，保险公司依照法律规定已履行相应告知义务，因此，该事故不在承保范围内，请求法院驳回林某的诉讼请求。

（二）实训要求

1. 学生分组讨论该保险合同关系中保险公司与投保人双方的主要义务，讨论说明保险合同免责条款和证明车辆起火事故是否属于保险责任范围的责任，该责任应当由何方承担。

2. 学生根据讨论结果制作本案判决书。

要点指导

1. 保险合同在双方平等自愿协商的基础上订立，但保险公司从事的保险行为是商行为，保险公司依法负有比投保人更高程度的注意义务。

2. 注意判断“起火原因不明”是否等于“自燃”。

实训形式二——案例讨论、模拟法庭辩论

（一）实训素材

杨某于2004年在天津市甲银行开了一张借记卡。2013年2月8日17时左右，杨某在东莞市某银行的ATM机上查询余额时发现卡内余额仅剩150多元，遂立即拨打110电话报警并到派出所报案，随后到发卡银行查询案涉流水明细及相应情况。经查询得知，案涉款项是于2012年12月30日凌晨1点多在乙银行的东莞市某支行的ATM机上分4次取现金20 000元并被扣手续费208元。杨某遂至该支行所在地的派出所报案，并要求乙银行承担赔偿责任。

杨某认为，案涉银行卡一直随身携带，并无转借给他人使用，也没有委托他人在2012年12月30日取款，该取款行为不可能是杨某本人所为，卡是被复制信息后被人取款，故要求乙银行承担赔偿责任。乙银行主张取款人是凭正确的密码取款，且乙银行并非案涉银行卡的发卡行，乙银行与发卡行之间是委托代理关系，应由发卡行承担存款储蓄合同基本义务，乙银行不存在过错，故乙银行不应承担赔偿责任。

杨某诉至法院要求乙银行赔偿其卡内存款损失 20 208 元。

法院根据杨某的调查取证申请，向公安机关调取了监控录像等证据材料。监控录像显示，2012 年 12 月 30 日凌晨 1 时许，一名男子头戴帽子、口罩蒙脸，在自动柜员机分 4 次取款，杨某的案涉银行存款被该男子在该次取款中取走 20 000 元。

本案另有杨某提供的借记卡原件、发卡银行明细交易、明细账单、报警回执为证。

（二）实训要求

1. 学生进行模拟法庭，对原被告双方各自的主张进行辩论。

2. 学生归纳总结双方辩论观点，形成裁判结论。

要点指导

1. 本案重点要分析乙银行与杨某双方在借记卡使用关系中各自的法定义务，进而判断各方有无未履行法定义务的情形。

2. 商业银行负有保障客户存款安全的义务，该义务的具体内容是否应当包括对银行卡具有鉴别真伪的能力。

专项实训五　设立登记与变更登记

基本知识

一、商事登记

商事登记，又称商业登记，是指商事主体的筹办人，为了设立、变更或终止商事主体资格，依照法定的条件和程序向登记主管机关提出申请，经登记主管机关审查后核准登记的法律行为。

商事登记具有创设性、要式性、行政行为性和公开性等法律特征。

二、商事登记的登记机关

我国商事登记采取行政登记主义。商事登记的主管机关是国家工商行政管理机关。国家工商行政管理机关独立行使登记管理权，并实行分级登记管理原则，即国家工商行政管理局和地方各级工商行政管理局等多级管理。

三、商事登记的种类、事项

企业法人登记注册的主要事项包括：企业法人名称、住所、经营场所、法定代表人、经济性质、经营范围、经营方式、注册资金、从业人数、经营期限、分支机构等。

公司的登记注册事项还包括注册资本、公司类型、有限责任公司股东或者股份有限公司发起人的姓名或者名称。

我国目前虽然尚未制定统一的商事登记法，根据《中华人民共和国企业法人登记管理条例》《中华人民共和国公司登记管理条例》及其施行细则的规定，企业（公司）法人的登记种类包括设立登记（开业登记）、变更登记、注销登记。

（一）设立登记

设立登记，也称开业登记，是商事主体的创设人为设立商事主体而向登记机关提出申请，由登记机关依法核准登记并公告，从而取得商事主体资格的法律行为。

申请企业法人开业登记，应当提交下列文件、证件：组建负责人签署的登记申请书；主管部门或者审批机关的批准文件；组织章程；资金信用证明、验资证明或者资金担保；企业主要负责人的身份证明；住所和经营场所使用证明；其他有关文件、证件。

由登记主管机关对登记申请人提交的登记文件予以审查，确认文件已经齐备、真实、符合申请条件，核准登记注册，领取《企业法人营业执照》后，企业即宣告成立。

（二）变更登记

变更登记，是成立的商事主体在其存续期间已登记注册的事项发生变化时，在法定期限内向原登记机关申请变更登记的法律行为。未经核准变更登记的，不得擅自改变。

企业法人如有改变名称、住所、经营场所、法定代表人、经济性质、经营范围、经营方式、注册资金、经营期限、分立、合并、迁移以及增设或者撤销分支机构等情形时，应当申请办理变更登记。

（三）注销登记

注销登记，是当商事主体出现法律规定的应当予以终止的原因时，商事主体向原登记机关申请办理消灭其主体资格登记的法律行为。

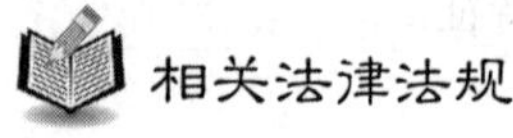

相关法律法规

《中华人民共和国公司登记管理条例》

第三条第一款 公司经公司登记机关依法登记，领取《企业法人营业执照》，方取得企业法人资格。

第四条第一款 工商行政管理机关是公司登记机关。

第九条 公司的登记事项包括：

（一）名称；

（二）住所；

（三）法定代表人姓名；

（四）注册资本；

（五）公司类型；

（六）经营范围；

（七）营业期限；

（八）有限责任公司股东或者股份有限公司发起人的姓名或者名称。

第二十条　……申请设立有限责任公司，应当向公司登记机关提交下列文件：

（一）公司法定代表人签署的设立登记申请书；

（二）全体股东指定代表或者共同委托代理人的证明；

（三）公司章程；

（四）股东的主体资格证明或者自然人身份证明；

………

第二十六条　公司变更登记事项，应当向原公司登记机关申请变更登记。

未经变更登记，公司不得擅自改变登记事项。

第五十一条　公司登记机关应当根据下列情况分别作出是否受理的决定：

（一）申请文件、材料齐全，符合法定形式的，或者申请人按照公司登记机关的要求提交全部补正申请文件、材料的，应当决定予以受理。

（二）申请文件、材料齐全，符合法定形式，但公司登记机关认为申请文件、材料需要核实的，应当决定予以受理，同时书面告知申请人需要核实的事项、理由以及时间。

（三）申请文件、材料存在可以当场更正的错误的，应当允许申请人当场予以更正，由申请人在更正处签名或者盖章，注明更正日期；经确认申请文件、材料齐全，符合法定形式的，应当决定予以受理。

（四）申请文件、材料不齐全或者不符合法定形式的，应当当场或者在5日内一次告知申请人需要补正的全部内容；当场告知时，应当将申请文件、材料退回申请人；属于5日内告知的，应当收取申请文件、材料并出具收到申请文件、材料的凭据，逾期不告知的，自收到申请文件、材料之日起即为受理。

（五）不属于公司登记范畴或者不属于本机关登记管辖范围的事项，应当即时决定不予受理，并告知申请人向有关行政机关申请。

《中华人民共和国公司法》

第三十一条　有限责任公司成立后，应当向股东签发出资证明书。

……

操作技能实训

实训目的

通过操作技能实训，掌握商事登记的对象、事项、种类、程序和登记机关职能等商事登记的法律法规，培养学生运用商事登记的基本知识分析、处理商事登记发生纠纷的能力。

实训形式——课堂讨论、形成分析解决的意见书

（一）实训素材[1]

1997年3月6日，南昌市工商局审核注册登记江西奥特汽车销售有限公司（以下简称奥特公司），并将周某某、付某某登记为该公司股东。2001年9月11日，因奥特公司欠债，周某某、付某某被南昌市东湖区人民法院缺席判决对该公司债务承担连带责任。2001年10月26日周某某、付某某收到该判决书后，才知道自己被人伪造、盗用身份证复印件，并由他人代签“股东”签名，虚假投资等手段注册登记奥特公司，成为该公司“股东”。为此，周某某、付某某为维护自己的合法权益，于2002年1月21日向南昌市西湖区人民法院提起诉讼，请求依法撤销被告对奥特公司的注册登记。

原告周某某、付某某起诉称：被告作为企业登记的行政主管机关，应对企业登记申请的真实性进行必要的审查。现其在申请方提供虚假的股东签字，虚假出资的情况下，将两原告登记为股东，并批准该公司的注册登记。其错误登记行为，造成了严重法律后果，为此，请求法院依法撤销被告对奥特公司的注册登记。

被告南昌市工商行政管理局答辩称：①原告起诉已超过法律规定3个月的诉讼期限；②我局登记行为完全合法。据此，请求法院依法驳回两原告的诉讼请求。

原告提交的主要证据有：①奥特公司工商登记档案中的公司章程、审核表、任职证明、登记申请、股东决议等文件，证明这些文件上两原告的签名均是他人所签。②南昌市公安局西湖分局丁公路派出所对原告周某某身份证的证明，证明他人将周某某的身份证变造为周某甲的身份证进行工商登记。③奥特公司工商登记档案中银行汇票及信用社证明，证明出资方为江西省温圳粮库南昌办事处。这证明两原告未出资。④（2000）东民初字第1318号民事判决书，因奥特公司欠债，两原告被南昌市东湖区法院于2001年9月11日缺席判决对奥特公司的债务承担连带责任。这证明被告的具体行政行为即公司登记行为侵犯了他们的合法权益。⑤两原告于2001年10月26日收到该判决的证明。这证明2001年10月26日他们才知道被告将他们列为公司股东，他们于2002年1月21日起诉未超诉讼时效。

被告出具的证据有：工商登记档案中关于组建奥特公司的申请报告、公司章程、

---

〔1〕“周雪兴等诉南昌市工商局公司注册登记不当案”，http://anli.court.gov.cn/sfal/html/index.html#!/alk/details/BF2ABAAF9D5C791299173B8F48E610F6undefined，访问时间：2017年4月30日。

验资报告、银行汇票及信用社证明等。这证明他们正确履行了职责，工商登记审核程序合法。

在诉讼过程中，南昌市西湖区法院对工商档案文件中两原告的签名委托公安机关鉴定部门进行了鉴定，证实工商档案文件中的签名全为他人所签。

（二）实训要求

1. 学生明确申请设立有限责任公司需要提交哪些材料。

2. 学生分小组讨论，根据案例素材，分析被告南昌市工商行政管理局是否是公司登记机关，其审批行为有无过错。

3. 形成对本案的处理意见书。

要点指导

1. 作为公司登记的行政主管机关，是否负有对公司登记申请的材料真实性进行必要的审查职能。

2. 如何证明两原告被冒名注册登记为江西奥特汽车销售有限公司的“股东”。

3. 分析公司股东资格的取得条件。

实训形式二——课堂辩论、制作判决书

（一）实训素材[1]

七重天公司于2002年3月21日经被告宁波市工商行政管理局鄞州分局（以下简称鄞州区工商局）核准登记，注册资本1000万元，原股东为章某甲、章某两人。其中第三人章某甲出资900万元占公司股份的90%，章某出资100万元占公司股份的10%。原告吴某某于2005年5月19日通过股权转让协议从第三人章某甲处取得公司50%股权，从章某处取得公司的10%股权，并担任公司的法定代表人，章某甲另40%股权转让给胡某某。七重天公司股东由章某甲、章某两人变更为吴某某与胡某某。2005年5月23日七重天公司向被告鄞州区工商局申请了上述股东、法定代表人工商变更登记，被告鄞州区工商局依法予以核准。

章某甲、章某与原告吴某某、胡某某实际上在进行房地产项目转让，双方另行签订股权转让合同，约定转让款为人民币8400万元，合同规定了分期付款的期限和条件，原告仅支付了1000多万元，余款经第三人章某甲、章某多次催讨未支付。后原告吴某某与胡某某同意将股权再退回章某甲、章某，原告吴某某在杭州将身份证复印件签名后交给章某，由章某回来后在股东会决议、股份转让协议上代签了原告吴某某的名字。

---

〔1〕“公司法定代表人、股东变更登记的性质及审查标准”，http://anli.court.gov.cn/sfal/html/index.html#!/alk/details/1EF9265FEC8A96775DC81B39A32AAD94undefined，访问时间：2017年12月30日。

2006年3月27日，七重天公司持加盖七重天公司公章、法定代表人签署的公司变更登记申请书、由章某代吴某某签署的关于股权转让的股东会会议决议、股份转让协议、按股东会决议修改后的章程、股东名录、新股东身份资格证明、公司法定代表人登记表等材料，并加盖公章委托麻某某办理股权转让、法定代表人变更、经营范围等变更手续，向被告鄞州区工商局申请办理法定代表人及股东变更登记手续。鄞州区工商局依法进行了审查，认为申请材料齐全、符合法定形式，作出了准予变更登记的决定。

原告吴某某、胡某某于2005年5月23日从第三人章某甲、章某处受让股权经工商登记变更为股东、法定代表人后，因未实际付清转让款，未对公司进行实际接管。对公司公章保管、法人营业执照正、副本被收缴变更之事一概不知。另一股东胡某某在股份转让协议、股东会决议上的签名系其本人所签，且认可已退回其支付的转让款。

原告吴某某诉称：原告自2005年5月23日通过股权受让取得七重天公司的60%股权，并担任公司的法定代表人后，从未自行或委托他人于被告鄞州区工商局处办理股权转让及法定代表人变更事宜，2006年底经原告查阅被告鄞州区工商局的（在册）公司基本情况登记资料时，发现原告为七重天公司的股东身份及持有该公司60%之股份的事实已被更改为章某甲、章某所有，法定代表人也变更为章某甲。原告确信现留于被告档案中自2006年3月19日以后的“吴某某”签名均系伪造。原告认为，被告鄞州区工商局未按有关程序规定，在没有原告本人到场、没有原告授权委托书、没有原告身份证明文件、更没有原告本人签名的情况下，准予变更七重天公司关于原告的法定代表人、股东及股权的工商登记，违反了法律相关规定。故请求法院：①撤销被告鄞州区工商局于2006年3月27日核准七重天公司股权变更登记的行为；②判令被告鄞州区工商局恢复原告吴某某为七重天公司法定代表人、股东、持有该公司60%股权，并重新核发营业执照。

（二）实训要求

1. 学生分小组讨论，根据案例素材，分析原告吴某某是否具有原告诉讼主体资格。被告鄞州区工商局是否具有核准七重天公司变更登记申请的行政职权。

2. 学生讨论公司股东股权转让是否需要进行变更登记，如需要变更登记，请列出申请设立该个人独资企业所需的向登记机关提交的文件。第三人章某甲签署的公司变更登记申请书是否违反法律规定。

3. 学生对原告吴某某认为的被告鄞州区工商局作出的准予变更七重天公司关于原告的法定代表人、股东及股权的工商登记，违反了法律相关规定这一观点，提出主张并进行辩论，形成对本案的处理意见。

4. 学生根据辩论结果制作民事判决书。

要点指导

1. 本案重点在于原告吴某某是否具有原告诉讼主体资格。被告鄞州区工商局是否具有核准七重天公司变更登记申请的行政职权。

2. 对于七重天公司股东由章某甲、章某两人变更为吴某某与胡某某，原告吴某某担任公司的法定代表人等事项的变更，是否需要向登记机关申请公司变更登记。

3. 七重天公司如果需要变更登记需要提交哪些材料，材料真实性审核由谁负责。

专项实训六　商业名称及其权利

一、商业名称

商业名称，又称商号，是商事主体从事商事活动时所使用的用以彰显自己独特法律地位的名称或名号。商事主体使用商业名称可以达到区别其他商事主体的目的。对于商业名称的规定，各国间存在差异。在我国，商业名称也有“字号”的称谓。对“字号”和“商业名称”根据不同主体分别适用，前者用于个体工商户，后者则用于法人。我国《民法总则》规定，个体工商户可以起字号；法人应当有自己的名称。

在商业名称的取得方面，现代国家通常是通过登记取得商业名称的专用权。

二、商业名称的构成

企业名称应当由行政区域名称、字号（或者商号，下同）、行业或经营特点、组织形式等四个部分组成。

（一）行政区域名称

商业名称首先要冠以商事主体所在地的省、市、县行政区划名称。经国家工商行政管理局核准，全国性公司、国务院或其授权的机关批准的大型进出口企业、国务院或其授权的机关批准的大型企业集团及国家工商行政管理局规定的其他企业；历史悠久、字号驰名的企业；外商投资企业的企业名称等可以不冠以企业所在地行政区划名称。

（二）字号

字号是商业名称中的核心要素，同时也是商业名称中企业唯一可以自己创设的要素。法律规定，企业可选择字号，字号应当由 2 个以上的字组成，字号应当具有显著特征。

（三）行业或经营特点

为了辨别商事主体所从事的行业或经营的特色，商事主体应当根据其主营业务及国家行业分类标准，在商业名称中标明所属行业或经营特点。如石油、纺织、机械、粮油食品等。

（四）组织形式

组织形式反映了商事主体的组织结构和责任形式，商事主体应当在商业名称中标明自己所采用的组织形式。以便交易相对人了解商事主体的性质和责任形式。商事主体是公司的，应当在商业名称中标明“有限责任公司”或“股份有限公司”字样；商事主体是合伙企业的，应当标明“普通合伙”“特殊普通合伙”或“有限合伙”字样；商事主体是金融机构性质的，应当标明“银行”“保险公司”“证券公司”字样。

 相关法律法规

《企业名称登记管理规定》

第七条 企业名称应当由以下部分依次组成：字号（或者商号，下同）、行业或者经营特点、组织形式。

企业名称应当冠以企业所在地省（包括自治区、直辖市，下同）或者市（包括州，下同）或者县（包括市辖区，下同）行政区划名称。

经国家工商行政管理局核准，下列企业的企业名称可以不冠以企业所在地行政区划名称：

（一）本规定第十三条所列企业；

（二）历史悠久、字号驰名的企业；

（三）外商投资企业。

三、商业名称的登记机关

企业名称的登记主管机关（以下简称登记主管机关）是国家工商行政管理局和地方各级工商行政管理局。登记主管机关核准或者驳回企业名称登记申请，监督管理企业名称的使用，保护企业名称专用权。

登记主管机关依照《中华人民共和国企业法人登记管理条例》，对企业名称实行分级登记管理。外商投资企业名称由国家工商行政管理局核定。[1]

---

〔1〕《企业名称登记管理规定》第4条规定。

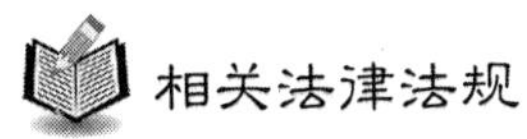

相关法律法规

《企业名称登记管理规定》

第三条 企业名称在企业申请登记时，由企业名称的登记主管机关核定。企业名称经核准登记注册后方可使用，在规定的范围内享有专用权。

四、商业名称的选用原则

1. 商业名称的惟一性原则。为维护商事交易的正常秩序，商事主体只准使用一个商业名称。在登记主管机关辖区内不得与已登记注册的同行业企业名称相同或者近似。

2. 商业名称文字规范性原则。商业名称应当使用汉字，民族自治地方的企业名称可以同时使用本民族自治地方通用的民族文字。

3. 商业名称的内容合法性原则。商业名称不得使用法律禁止的内容和文字。

4. 商业名称中使用“中国”“中华”或者冠以“国际”字词的规定。根据《企业名称登记管理规定》，下列企业，可以申请在企业名称中使用“中国”“中华”或者冠以“国际”字词：①全国性公司；②国务院或其授权的机关批准的大型进出口企业；③国务院或其授权的机关批准的大型企业集团；④国家工商行政管理局规定的其他企业。

5. 商业名称在分支机构的使用规定。根据《企业名称登记管理规定》，企业设立分支机构的，企业及其分支机构的企业名称应当符合下列规定：①在企业名称中使用“总”字的，必须下设三个以上分支机构；②不能独立承担民事责任的分支机构，其企业名称应当冠以其所从属企业的名称，缀以“分公司”“分厂”“分店”等字词，并标明该分支机构的行业和所在地行政区划名称或者地名，但其行业与其所从属的企业一致的，可以从略；③能够独立承担民事责任的分支机构，应当使用独立的企业名称，并可以使用其所从属企业的企业名称中的字号；④能够独立承担民事责任的分支机构再设立分支机构的，所设立的分支机构不得在其企业名称中使用总机构的名称。

6. 禁止以不正当目的使用商业名称。使用人不得以不正当目的使用可能使人们误认为是他人营业的商业名称。擅自使用他人已经登记注册的企业名称或者有其他侵犯他人企业名称专用权行为的，均属违法行为，应依法追究侵权人的法律责任。

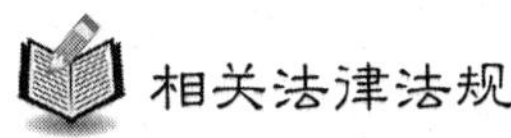

相关法律法规

《企业名称登记管理实施办法》

第五条 工商行政管理机关对企业名称实行分级登记管理。国家工商行政管理总局主管全国企业名称登记管理工作，并负责核准下列企业名称：

（一）冠以“中国”、“中华”、“全国”、“国家”、“国际”等字样的；

（二）在名称中间使用“中国”、“中华”、“全国”、“国家”等字样的；

（三）不含行政区划的。

地方工商行政管理局负责核准前款规定以外的下列企业名称：

（一）冠以同级行政区划的；

（二）符合本办法第十二条的含有同级行政区划的。

国家工商行政管理总局授予外商投资企业核准登记权的工商行政管理局按本办法核准外商投资企业名称。

第十三条 经国家工商行政管理总局核准，符合下列条件之一的企业法人，可以使用不含行政区划的企业名称：

（一）国务院批准的；

（二）国家工商行政管理总局登记注册的；

（三）注册资本（或注册资金）不少于5000万元人民币的；

（四）国家工商行政管理总局另有规定的。

五、商业名称权的保护

商业名称权，又称商号权，是商业名称经登记，商事主体即取得该商业名称的专有使用的权利。

商业名称一经登记，所有人对该商业名称即取得专有使用权。专有使用权受法律保护，主要体现在两个方面：一是同一商业名称登记的排除。在商业名称的登记机关辖区内，不得再登记与已登记的同行业商业名称相同或者近似的商业名称。二是同一商业名称或类似商业名称使用的排除。未经商业名称权人许可，擅自使用他人商业名称或者使用类似商业名称的，为侵权行为，商业名称权人可以请求停止侵害，要求赔偿损失。同时，也可依据反不正当竞争法的规定，请求行为人赔偿损失。

相关法律法规

《企业名称登记管理规定》

第二十七条 擅自使用他人已经登记注册的企业名称或者有其他侵犯他人企业名称专用权行为的，被侵权人可以向侵权人所在地登记主管机关要求处理。登记主管机关有权责令侵权人停止侵权行为，赔偿被侵权人因该侵权行为所遭受的损失，没收非法所得并处以5000元以上、5万元以下罚款。

对侵犯他人企业名称专用权的，被侵权人也可以直接向人民法院起诉。

《中华人民共和国反不正当竞争法》

第六条第二款 擅自使用他人有一定影响的企业名称（包括简称、字号等）、社会

组织名称（包括简称等）、姓名（包括笔名、艺名、译名等）。

第十八条 经营者违反本法第六条规定实施混淆行为的，由监督检查部门责令停止违法行为，没收违法商品。违法经营额五万元以上的，可以并处违法经营额五倍以下的罚款；没有违法经营额或者违法经营额不足五万元的，可以并处二十五万元以下的罚款。情节严重的，吊销营业执照。

经营者登记的企业名称违反本法第六条规定的，应当及时办理名称变更登记；名称变更前，由原企业登记机关以统一社会信用代码代替其名称。

操作技能实训

实训目的

通过操作技能实训，学生能够深入理解商业名称的作用和特征；掌握商业名称的构成、选取以及取得；识别商业名称权的法律保护。培养学生运用商事法律法规的基本原理分析、处理商业名称纠纷的能力。并掌握法律文书的写作要领。

实训形式一——模拟法庭辩论、制作民事判决书或民事调解书

（一）实训素材[1]

北京神州在线科技有限公司（下称申请人）称其经过查询得知，国家工商总局（下称被申请人）2013 年 6 月公告的（国）登记内名预核字〔2013〕第 × 号企业名称预先核准决定核准了神州在线科技有限公司（下称第三人）（拟在深圳市市场监督管理局登记注册）的名称。该预先核准的公司名称与申请人的名称相同，且经营范围与申请人相同。申请人成立并经营多年，服务于多家上市公司，在北京乃至全国具有一定的影响力、知名度和品牌效应。被申请人作出的核准决定导致市场上出现两个相同主体，致使社会公众产生混淆，无法区别两家企业。被申请人作出的核准决定侵犯了申请人的合法权益。

据此，申请人请求撤销被申请人作出的（国）登记内名预核字〔2013〕第 × 号企业名称预先核准决定。

（二）实训要求

1. 学生分组讨论分析北京神州在线科技有限公司请求撤销国家工商总局作出的（国）登记内名预核字〔2013〕第 × 号企业名称预先核准决定的诉求，国家工商总局是否具有对“在线科技有限公司”的名称进行核准的法定职权。

2. 学生在案件材料讨论的基础上，分成原、被告，对各自的主张进行模拟模拟法庭辩论。

---

〔1〕 参见“企业名称争议引发的行政复议案例评析”，http://blog.sina.com.cn/s/blog_471ca21d0102uwkb.html，访问时间：2017 年 7 月 30 日。

3. 学生根据模拟模拟法庭辩论结果制作民事判决书或民事调解书。

要点指导

1. 本案的重点在于明确工商行政管理机关对企业名称实行分级登记管理，国家工商行政管理总局核准不冠以行政区划的企业名称，地方工商行政管理局核准冠以同级行政区划的企业名称。

2. 分析企业名称应当由几个部分组成，以及企业名称的选用应遵循的基本原则。

3. 依法分析“在线科技有限公司”的名称是否可以被核准并登记注册。

实训形式二——课堂讨论、制作民事判决书

（一）实训素材[1]

原告天津中国青年旅行社（以下简称天津青旅）诉称：被告天津国青国际旅行社有限公司在其版权所有的网站页面、网站源代码以及搜索引擎中，非法使用原告企业名称全称及简称“天津青旅”，违反了反不正当竞争法的规定，请求判令被告立即停止不正当竞争行为、公开赔礼道歉、赔偿经济损失10万元，并承担诉讼费用。

被告天津国青国际旅行社有限公司（以下简称天津国青旅）辩称：“天津青旅”没有登记注册，并不由原告享有，原告主张的损失没有事实和法律依据，请求驳回原告诉讼请求。

法院经审理查明：天津中国青年旅行社于1986年11月1日成立，是从事国内及出入境旅游业务的国有企业，直属于共青团天津市委员会。共青团天津市委员会出具证明称，“天津青旅”是天津中国青年旅行社的企业简称。2007年，《今晚报》等媒体在报道天津中国青年旅行社承办的活动中已开始以“天津青旅”简称指代天津中国青年旅行社。天津青旅在报价单、旅游合同、与同行业经营者合作文件、发票等资料以及经营场所各门店招牌上等日常经营活动中，使用“天津青旅”作为企业的简称。天津国青国际旅行社有限公司于2010年7月6日成立，是从事国内旅游及入境旅游接待等业务的有限责任公司。

2010年底，天津青旅发现通过Google搜索引擎分别搜索“天津中国青年旅行社”或“天津青旅”，在搜索结果的第一名并标注赞助商链接的位置，分别显示“天津中国青年旅行社网上营业厅 www. lechuyou. com 天津国青网上在线营业厅，是您理想选择，出行提供优质、贴心、舒心的服务”或“天津青旅网上营业厅 www. lechuyou. com 天津国青网上在线营业厅，是您理想选择，出行提供优质、贴心、舒心的服务”，点击链接后进入网页是标称天津国青国际旅行社乐出游网的网站，网页顶端出现“天津国青国

[1] 《最高人民法院关于发布第七批指导性案例的通知》，http://www. court. gov. cn/shenpan-xiangqing－6571. html，“指导案例29号：天津中国青年旅行社诉天津国青国际 旅行社擅自使用他人企业名称纠纷案”，http://www. court. gov. cn/shenpan-xiangqing－13345. html，访问时间：2017年7月2日。

际旅行社－青年旅行社青旅/天津国旅”等字样，网页内容为天津国青旅游业务信息及报价，标称网站版权所有：乐出游网－天津国青，并标明了天津国青的联系电话和经营地址。同时，天津青旅通过百度搜索引擎搜索“天津青旅”，在搜索结果的第一名并标注推广链接的位置，显示“欢迎光临天津青旅重合同守信誉单位，汇集国内出境经典旅游线路，100%出团，天津青旅 400－611－5253022. ctsgz. cn”，点击链接后进入网页仍然是上述标称天津国青乐出游网的网站。

（二）实训要求

1. 学生分小组讨论，根据案例素材，分析原告天津中国青年旅行社（以下简称天津青旅）的诉讼请求是否可予以支持；分析被告天津国青国际旅行社有限公司是否构成侵权。

2. 学生依法提出处理意见，并制作一份民事判决书。

要点指导

1. 本案的重点在于企业名称的保护。可以根据《反不正当竞争法》的规定对企业名称如何进行法律保护着手进行分析，判断天津国青国际旅行社有限公司是否构成侵权。

2. 对于企业长期、广泛对外使用，具有一定市场知名度、为相关公众所知悉，已实际具有商号作用的企业名称简称，应当视之为企业名称予以保护。“天津中国青年旅行社”是原告1986年成立以来一直使用的企业名称，原告享有企业名称专用权。

3. 依据《反不正当竞争法》的规定，天津国青旅作为与天津青旅同业的竞争者，在明知天津青旅企业名称及简称享有较高知名度的情况下，仍擅自使用，有借他人之名为自己谋取不当利益的意图，主观恶意明显。

专项实训七　商事账簿的编制与使用

一、商事账簿

商事账簿是商事主体按照会计原则依法制作的，用来记载、说明其营业状况和财产状况的商事簿册。商事账簿包括会计凭证、会计账簿、会计报表。

商事账簿与商事主体的经营活动存在必然的联系，制作商事账簿是商事主体的法定义务，也是一项重要的商事法律制度。国家机关、社会团体、公司、企业、事业单位和其他组织（以下统称单位）必须依照《中华人民共和国会计法》办理会计事务。

各单位必须依法设置会计账簿，并保证其真实、完整。单位负责人对本单位的会计工作和会计资料的真实性、完整性负责。

从事生产经营的纳税人应当自领取营业执照或者发生纳税义务之日起15日内，按照国家有关规定设置账簿。前款所称账簿，是指总账、明细账、日记账以及其他辅助性账簿，总账、日记账应当采用订本式。[1]

纳税人、扣缴义务人按照有关法律、行政法规和国务院财政、税务主管部门的规定设置账簿，根据合法、有效凭证记账，进行核算。[2]

二、商事账簿的编制要求和作用

为了保证商事账簿的质量，对账簿的记载，必须遵守会计原则、记账规则、会计方法和记账程序。会计凭证、会计账簿、财务会计报告和其他会计资料，必须符合国家统一的会计制度的规定。

任何单位或者个人不得以任何方式授意、指使、强令会计机构、会计人员伪造、变造会计凭证、会计账簿和其他会计资料，提供虚假财务会计报告。相关人员如有违反行为，要追究法律责任，造成严重后果，构成犯罪的，依法追究刑事责任。

在商事活动中，商事账簿能真实、全面反映商事主体资产和经营状况，是商事活动管理的依据，也是国家监督检查商事主体的经营状况和征收税款的主要依据，是管理整个经济活动的重要工具。

商事主体应当按照国家有关规定建立档案，妥善保管有关商事账簿，不得销毁、损坏和遗失。未尽到保管责任则要承担法律责任。

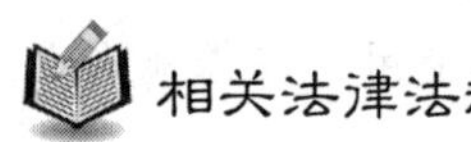
相关法律法规

《中华人民共和国会计法》

第二条 国家机关、社会团体、公司、企业、事业单位和其他组织（以下统称单位）必须依照本法办理会计事务。

第三条 各单位必须依法设置会计帐簿，并保证其真实、完整。

第五条 会计机构、会计人员依照本法规定进行会计核算，实行会计监督。

任何单位或者个人不得以任何方式授意、指使、强令会计机构、会计人员伪造、变造会计凭证、会计帐簿和其他会计资料，提供虚假财务会计报告。

……

---

〔1〕《中华人民共和国税收征收管理法实施细则》（2016年2月6日第三次修订）第22条规定。法条原文为“帐”。

〔2〕《中华人民共和国税收征收管理法》（2015年2月24日修改）第19条规定。法条原文为“帐”。

第四十二条 违反本法规定，有下列行为之一的，由县级以上人民政府财政部门责令限期改正，可以对单位并处三千元以上五万元以下的罚款；对其直接负责的主管人员和其他直接责任人员，可以处二千元以上二万元以下的罚款；属于国家工作人员的，还应当由其所在单位或者有关单位依法给予行政处分：

（一）不依法设置会计帐簿的；

（二）私设会计帐簿的；

（三）未按照规定填制、取得原始凭证或者填制、取得的原始凭证不符合规定的；

（四）以未经审核的会计凭证为依据登记会计帐簿或者登记会计帐簿不符合规定的；

（五）随意变更会计处理方法的；

（六）向不同的会计资料使用者提供的财务会计报告编制依据不一致的；

（七）未按照规定使用会计记录文字或者记帐本位币的；

（八）未按照规定保管会计资料，致使会计资料毁损、灭失的；

（九）未按照规定建立并实施单位内部会计监督制度或者拒绝依法实施的监督或者不如实提供有关会计资料及有关情况的；

（十）任用会计人员不符合本法规定的。

有前款所列行为之一，构成犯罪的，依法追究刑事责任。

……

《中华人民共和国税收征收管理法》

第十五条第一款 企业，企业在外地设立的分支机构和从事生产、经营的场所，个体工商户和从事生产、经营的事业单位（以下统称从事生产、经营的纳税人）自领取营业执照之日起三十日内，持有关证件，向税务机关申报办理税务登记……

第十九条 纳税人、扣缴义务人按照有关法律、行政法规和国务院财政、税务主管部门的规定设置帐簿，根据合法、有效凭证记帐，进行核算。

第二十条第一款 从事生产、经营的纳税人的财务、会计制度或者财务、会计处理办法和会计核算软件，应当报送税务机关备案。

第二十四条 从事生产、经营的纳税人、扣缴义务人必须按照国务院财政、税务主管部门规定的保管期限保管帐簿、记帐凭证、完税凭证及其他有关资料。

帐簿、记帐凭证、完税凭证及其他有关资料不得伪造、变造或者擅自损毁。

第六十条 纳税人有下列行为之一的，由税务机关责令限期改正，可以处二千元以下的罚款；情节严重的，处二千元以上一万元以下的罚款：……；（二）未按照规定设置、保管帐薄或者保管记帐凭证和有关资料的……

操作技能实训

实训目的

通过对真实案例的讨论分析，掌握商事账簿的种类、特征、作用；掌握商事账簿的制作原则和编制规定，理解商事主体设置商事账簿的意义。培养学生运用税收和会计法律法规的基本原理分析、处理企业会计账簿业务中法律实务的能力。

实训形式——课堂辩论、写出分析意见书

（一）实训素材[1]

平顶山市新华区人民检察院指控：2005 年 1 月至 2006 年 4 月，被告人许某某在平顶山市三香陶瓷有限责任公司担任会计期间，受该公司总经理黄某某（已判刑）和财务总监张某某（已判刑）指使，设立真假两套公司财务账，隐藏主营业务收入，偷逃税款。2005 年 1 月 1 日至 2005 年 12 月 31 日期间，隐瞒主营业务收入 7 973 730.68 元（含税），少缴增值税 451 343.25 元，2006 年 1 月 1 日至 2006 年 4 月 30 日期间，隐瞒主营业务收入 2 081 269.66（含税），少缴增值税 117 807.71 元，以上共计少缴增值税 569 150.96 元。案发后已补缴应纳税款。

（二）实训要求

1. 学生讨论，熟悉我国会计制度对商事主体设置会计账簿的法律规定。

2. 学生分组讨论，根据案例素材，依法分析许某某在平顶山市三香陶瓷有限责任公司担任会计期间的行为有无违法之处。

3. 学生对公司能否设立真假两套公司财务及许某某需不需要承担法律责任提出主张并进行辩论，形成对本案的处理意见。

要点指导

1. 本案重点解决的问题是公司财务会计制度的相关规定。我国《会计法》规定，各单位必须依法设置会计账簿，并保证其真实、完整。单位负责人对本单位的会计工作和会计资料的真实性、完整性负责。

2. 《会计法》规定，不得私设会计账簿；向不同的会计资料使用者提供的财务会计报告编制依据不一致的，依法给予行政处分，构成犯罪的，依法追究刑事责任。

3. 被告人许某某伙同他人隐瞒、伪造记账凭证，少列主营业务收入，逃避缴纳税款，其行为是否构成犯罪，如构成犯罪的，依法追究刑事责任。

---

〔1〕 参见河南省平顶山市新华区人民法院（2015）新刑初字第 56 号刑事判决书，http://wenshu.court.gov.cn/content/content?DocID = dc47b3a4 - 3763 - 49a6 - 8f41 - 9e7dc24ce767&KeyWord = %E5%81%9A%E5%81%87%E8%B4%A6 | %EF%BC%882015%EF%BC%89%E6%96%B0%E5%88%91%E5%88%9D%E5%AD%97%E7%AC%AC56%E5%8F%B7，访问时间：2016 年 12 月 9 日。

实训形式二——课堂辩论、制作民事判决书

（一）实训素材[1]

M公司上海分公司是某跨国糖果企业的上海分公司，该分公司主要的职能为售后服务及渠道维护。由于该分公司日常费用开支采用报账制，即将相关单据定期上报总公司，由总公司直接报销并进行会计核算，故该分公司未产生会计记录。因此，该分公司未设置任何账簿，日常申报均为零申报。稽查人员发现了该问题，认为按照相关政策法规分公司应当设置账簿，M公司上海分公司被罚款2000元。而M公司上海分公司财务人员解释，该分公司类似于企业内设机构，故无需设置账簿。

（二）实训要求

1. 学生学习熟悉我国会计制度对商事主体设立设置会计账簿的法律规定以及税收对于商事主体设立会计账簿的法律规定。

2. 学生分组辩论，根据案例素材，依法分析M公司上海分公司是否应该设置账簿，法律依据何在；哪个主体有权对不按规定设置账簿的“单位”进行行政处罚；税务机关是否有权对不按规定设置账簿的单位进行行政处罚。

3. 学生归纳总结双方辩论观点，形成裁判结论。

要点指导

1. 厘清分公司的性质特征。《公司登记管理条例》（2014）和《公司法》规定，分公司是指公司在其住所以外设立的从事经营活动的机构。公司设立分公司的，应当自决定作出之日起30日内向分公司所在地的公司登记机关申请登记，领取营业执照。分公司不具有法人资格，其民事责任由公司承担。

2. 厘清分公司需不需要设置会计账簿。《会计法》规定，各单位必须依法设置会计账簿，并保证其真实、完整。从事生产经营的纳税人应当自领取营业执照或者发生纳税义务之日起15日内，按照国家有关规定设置账簿。

3. 分析分公司是否是纳税主体。企业，企业在外地设立的分支机构和从事生产、经营的场所，个体工商户和从事生产、经营的事业单位（以下统称从事生产、经营的纳税人）自领取营业执照之日起30日内，持有关证件，向税务机关申报办理税务登记。[2]

纳税人、扣缴义务人按照有关法律、行政法规和国务院财政、税务主管部门的规定设置账簿，根据合法、有效的凭证记账，进行核算。[3]

---

〔1〕参见“分公司不设账被罚或被冤枉”，http://blog.sina.com.cn/s/blog_4530f0210102wfaa.html，访问时间：2017年6月5日。

〔2〕参见《中华人民共和国税收征收管理法》第15条规定。

〔3〕参见《中华人民共和国税收征收管理法》第19条规定。

4. 处罚主体，分析税务机关是否有权对不按规定设置账簿的单位进行行政处罚。不依法设置会计账簿的，由县级以上人民政府财政部门责令限期改正，可以对单位并处3000元以上5万元以下的罚款；对其直接负责的主管人员和其他直接责任人员，可以处2000元以上2万元以下的罚款；属于国家工作人员的，还应当由其所在单位或者有关单位依法给予行政处分。[1]纳税人未按照规定设置、保管账簿或者保管记账凭证和有关资料的，由税务机关责令限期改正，可以并处2000元以下的罚款；情节严重的，处2000元以上1万元以下的罚款。[2]

〔1〕参见《中华人民共和国会计法》第42条规定。

〔2〕参见《中华人民共和国税收征收管理法》第60条规定。

单元二

公司法实训

专项实训一　公司的类型及其法律责任

一、公司

公司是指依法设立的，股东以其认缴的出资额或认购的股份为限对公司承担责任，公司以其全部财产对公司的债务承担责任的企业法人[1]。

公司必须依法设立，具有法人性、营利性、社团性、社会性等特征。

二、公司的类型

根据世界各国法律所确定的法定分类标准以及公司法理论研究中所公认的其他标准，公司主要有以下几种分类：

1. 大陆法系国家对公司的分类。以股东承担责任的不同为标准，将公司分为无限责任公司、两合公司、股份有限公司、股份两合公司、有限责任公司。

2. 英美法系国家对公司的分类。以股份是否公开发行和是否允许自由转让为标准，将公司划分为封闭式公司和开放式公司。

3. 学理上对公司进行的分类。

（1）以公司的信用基础为标准，将公司划分为人合公司、资合公司、人合兼资合公司。

（2）以公司间的控制与被控制关系为标准，将公司划分为母公司和子公司。母公司与子公司均具有法人资格，可以独立承担民事责任。

（3）以公司间的组织管辖关系为标准，将公司划分为总公司与分公司。总公司，

〔1〕 法人是指具有民事权利能力和民事行为能力，依法独立享有民事权利和承担民事义务的组织。

亦称本公司，是指依法设立的、在组织上统辖公司全部组织的具有法人资格的公司。分公司是指依法设立的，在业务、资金、人事等方面受总公司管辖而不具有法人资格的分支机构。分公司可以依法独立从事生产经营活动，但它不能对外独立承担民事责任，它的民事责任由设立该分公司的总公司承担。

（4）以公司的国籍为标准，将公司分为本国公司、外国公司与跨国公司。

4. 我国《公司法》对公司的分类。根据我国《公司法》的规定，将公司分为有限责任公司和股份有限公司，两种公司均承担有限责任，而且均具有法人地位。

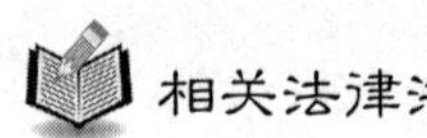

相关法律法规

《企业集团登记管理暂行规定》[1]

第四条 企业集团由母公司、子公司、参股公司以及其他成员单位组建而成。事业单位法人、社会团体法人也可以成为企业集团成员。

母公司应当是依法登记注册，取得企业法人资格的控股企业。

子公司应当是母公司对其拥有全部股权或者控股权的企业法人；企业集团的其他成员应当是母公司对其参股或者与母子公司形成生产经营、协作联系的其他企业法人、事业单位法人或者社会团体法人。

《中华人民共和国公司法》

第二条 本法所称公司是指依照本法在中国境内设立的有限责任公司和股份有限公司。

第十四条第一款 公司可以设立分公司。设立分公司，应当向公司登记机关申请登记，领取营业执照。分公司不具有法人资格，其民事责任由公司承担。

操作技能实训

实训目的

通过真实案例的操作技能实训，学生能够掌握公司的分类、本质特征及不同性质公司的法律地位。加深对不同类型的公司责任承担能力的理解，培养学生正确运用公司法的基本原理分析、处理公司责任承担问题的实践技能。

实训形式——课堂辩论、撰写案例分析报告

（一）实训素材

原告北京城建盛力源建筑劳务有限公司（以下简称盛力源公司）与被告中扶建设

[1] 国家工商行政管理局制订了《企业集团登记管理暂行规定》（工商企字［1998］第59号）。

有限责任公司（以下简称中扶公司）、中扶建设有限责任公司北京路通同泰建筑分公司（以下简称中扶路通分公司）建筑工程施工合同纠纷一案。

盛力源公司诉称，2009 年，中扶路通分公司与北京中建国材绿色材料开发有限公司（以下简称中建国材公司）签订《施工协议》，约定由中扶路通分公司总承包开发中建国材公司投资的项目，中扶路通分公司的负责人承诺由我公司全部承包劳务部分，并要求我们派人进行前期进场工作。2010 年 12 月 16 日，双方正式签订合同。同年 12 月 22 日正式开工，在施工过程中，因开发商等的问题造成工程多次停工、窝工。2012 年 8 月底，除未建项目外我公司施工部分全部竣工，并于 8 月 29 日通过验收。同年 10 月 24 日，我公司向中扶路通分公司提交结算总报告，由其项目经理张荣平予以签字确认。被告仅向我公司支付部分款项，经我公司多次催要未果，现诉至法院要求：要求二被告向原告支付所欠工程款 1 380 752. 3 元。

（二）实训要求

1. 学生分组讨论，根据案例素材，厘清原告北京城建盛力源建筑劳务有限公司（以下简称盛力源公司）与被告中扶建设有限责任公司（以下简称中扶公司）、中扶建设有限责任公司北京路通同泰建筑分公司（以下简称中扶路通分公司）之间的法律关系。

2. 学生分别模拟原告盛力源公司、被告中扶公司和中扶路通分公司，提出各自的主张，运用所学公司理论对本案进行课堂辩论。

3. 学生根据课堂辩论结果，制作案例分析报告。

要点指导

1. 判定盛力源公司与中扶路通分公司签订的《施工协议书》是否属于双方真实意思表示，是否合法有效。

2. 根据《公司法》第 14 条的规定，公司可以设立分公司。设立分公司，应当向公司登记机关申请登记，领取营业执照。分公司不具有法人资格，其民事责任由公司承担。由于中扶路通分公司不具有独立的法人资格，故中扶公司应当承担相应民事责任。

实训形式二——课堂辩论、形成对本案的处理意见

（一）实训素材

利源有限责任公司投资设立了金远有限责任公司，该公司为其控股子公司，利源有限责任公司又设立安泰分公司。甲厂分别与金远有限责任公司、安泰分公司签订买卖合同，向它们供货，价款各为 60 万。但金远有限责任公司、安泰分公司收货后迟迟不付款，甲久催未果，遂以利源有限责任公司为被告向法院起诉。

（二）实训要求

1. 学生分组讨论，根据案件材料，分析利源有限责任公司与金远有限责任公司、安泰分公司之间的法律关系。

2. 学生对甲以利源有限责任公司为被告向法院起诉，要求承担责任是否有法律依据进行辩论。

3. 学生归纳总结辩论观点，形成对本案的处理意见。

要点指导

1. 利源有限责任公司对金远有限责任公司、安泰分公司承担的法律责任有所不同。利源有限责任公司与金远有限责任公司是母公司与子公司的法律关系；利源有限责任公司与安泰分公司是总公司与分公司的法律关系。

2. 利源有限责任公司对金远有限责任公司与甲订立的合同不承担责任。金远有限责任公司虽然是利源有限责任公司投资建立的子公司，但具有独立的法人资格，独立承担民事责任，所以金远有限责任公司拖欠的货款应由其独立承担法律责任。

3. 利源有限责任公司对安泰分公司与甲签订的合同，则需要承担法律责任。安泰分公司作为分公司，不具有法人资格，须由利源有限责任公司承担民事责任。

专项实训二　公司法人人格否认制度的适用

基本知识

一、公司法人人格否认制度

公司法人人格否认制度，是指为阻止公司独立人格的滥用和保护公司债权人利益及社会公共利益，就具体法律关系中的特定事实，否认公司与其背后的股东各自独立的人格及股东的有限责任，责令公司的股东（包括自然人股东和法人股东）对公司债权人或公共利益直接负责的法律制度。

公司法人人格独立与股东有限责任原则是现代企业法人制度的基石。法律赋予公司法人独立的商事主体身份，并给予股东享受有限责任的权利，但是股东往往利用其优势地位，滥用公司法人独立人格及有限责任，损害债权人及社会公共利益。常见有设立空壳公司、脱壳经营、虚假出资、母公司对子公司的人格滥用等行为，这些行为不仅严重损害了债权人的利益，而且对社会的经济秩序造成一定程度的滋扰。所以当股东与债权人之间的利益平衡被公司法人人格与股东有限责任的滥用所打破时，便需要一种衡平的法律制度来纠偏、矫正，公司法人人格否认制度就是在这种情况下应运而生的。但是在实践中，为维系有限责任这个现代公司制度的基石，必须谨慎适用公司法人人格否认制度。

二、公司法对公司资本的要求

不同国家和地区对不同类型的公司设立条件的宽严程度不同，具体内容也不同。一般认为公司设立的条件应包含以下几个要件：公司的发起人、公司名称、公司章程、公司资本、公司的组织机构、公司住所等。

其中公司资本既是公司存在并能持续运行的物质基础，也是维持公司信誉，捍卫公司利益和保护债权人利益的根本保障。各国《公司法》对公司注册资本都作了规定。我国《公司法》规定，有限责任公司的注册资本为在公司登记机关登记的全体股东认缴的出资额。股份有限公司采取发起设立方式设立的，注册资本为在公司登记机关登记的全体发起人认购的股本总额；采取募集方式设立的，注册资本为在公司登记机关登记的实收股本总额。

法律、行政法规以及国务院决定对有限责任公司和股份有限公司的注册资本实缴、注册资本最低限额另有规定的，从其规定。股东应当按期足额缴纳公司章程中规定的各自所认缴的出资额。有限责任公司股东不按规定缴纳出资的，应当向公司足额缴纳。股份有限公司成立后，发起人未按照公司章程的规定缴足出资的，应当补缴；其他发起人承担连带责任。

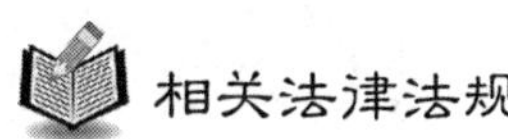
相关法律法规

《中华人民共和国公司法》

第二十条　公司股东应当遵守法律、行政法规和公司章程，依法行使股东权利，不得滥用股东权利损害公司或者其他股东的利益；不得滥用公司法人独立地位和股东有限责任损害公司债权人的利益。

公司股东滥用股东权利给公司或者其他股东造成损失的，应当依法承担赔偿责任。

公司股东滥用公司法人独立地位和股东有限责任，逃避债务，严重损害公司债权人利益的，应当对公司债务承担连带责任。

第二十八条　股东应当按期足额缴纳公司章程中规定的各自所认缴的出资额。股东以货币出资的，应当将货币出资足额存入有限责任公司在银行开设的账户；以非货币财产出资的，应当依法办理其财产权的转移手续。

股东不按照前款规定缴纳出资的，除应当向公司足额缴纳外，还应当向已按期足额缴纳出资的股东承担违约责任。

第六十三条　一人有限责任公司的股东不能证明公司财产独立于股东自己的财产的，应当对公司债务承担连带责任。

第八十条　股份有限公司采取发起设立方式设立的，注册资本为在公司登记机关登记的全体发起人认购的股本总额。在发起人认购的股份缴足前，不得向他人募集股份。

股份有限公司采取募集方式设立的，注册资本为在公司登记机关登记的实收股本总额。

法律、行政法规以及国务院决定对股份有限公司注册资本实缴、注册资本最低限额另有规定的，从其规定。

第八十三条 以发起设立方式设立股份有限公司的，发起人应当书面认足公司章程规定其认购的股份，并按照公司章程规定缴纳出资。以非货币财产出资的，应当依法办理其财产权的转移手续。

发起人不依照前款规定缴纳出资的，应当按照发起人协议承担违约责任……

第八十四条 以募集设立方式设立股份有限公司的，发起人认购的股份不得少于公司股份总数的百分之三十五；但是，法律、行政法规另有规定的，从其规定。

第九十三条 股份有限公司成立后，发起人未按照公司章程的规定缴足出资的，应当补缴；其他发起人承担连带责任。

股份有限公司成立后，发现作为设立公司出资的非货币财产的实际价额显著低于公司章程所定价额的，应当由交付该出资的发起人补足其差额；其他发起人承担连带责任。

操作技能实训

实训目的

通过真实案例的操作技能实训，学生能够掌握公司的法律地位及其责任的承担方式。正确理解公司法人人格否认制度的适用和公司资本对公司的现实意义，培养学生运用公司法原理分析公司股东滥用公司法人独立地位的行为及处理商事实务的实操技能。

实训形式——课堂辩论、提出分析意见

（一）实训素材[1]

2006年6月10日，田某某、刘某某及徐某某三人签订南京云凯防雷科技有限责任公司（以下简称云凯公司）章程，约定田某某、刘某某及徐某某三人出资设立云凯公司，注册资本为51万元，田某某承诺出资15.3万元，刘某某承诺出资20.4万元，徐某某承诺出资15.3万元。同年6月16日，南京德远会计师事务所有限公司出具验资报告，说明截至6月16日云凯公司已足额收到各股东的货币出资，其中田某某与徐某某各出资15.3万元，刘某某出资20.4万元。同日，经南京市工商行政管理局下关分局批准，云凯公司设立。

2007年10月10日，田某某、刘某某签订股权转让协议书一份，约定田某某将其

〔1〕 参见“田某某诉刘某某否认公司法人人格案”，http://anli.court.gov.cn/sfal/html/index.html#!/alk/details/A2D1D2C8BD060111CE79E8F91231F5B1undefined，访问时间：2017年4月3日。

所持有的云凯公司股权（占注册资本30%）全部转让给刘某某，转让股权的总价款为15.3万元，刘某某自转让生效之日起5日内以现金形式一次性向田某某支付。同日，田某某、刘某某及徐某某共同签署了云凯公司股东会决议，一致同意田某某将股权全部转让给刘某某，转让后刘某某持有云凯公司70%的股权，出资额为35.7万元。决议形成后，云凯公司据此申请了办理工商变更登记。

2008年6月26日，南京市工商行政管理局下关分局作出行政处罚决定书，查明2006年5、6月间，刘某某、田某某和徐某某为成立云凯公司，委托他人代为办理垫资和验资事宜。验资后，垫资人以云凯公司的名义购买了现金支票，分别于19日和20日以提现方式共转走人民币509 980元。故认定刘某某、田某某和徐某某上述行为属虚报注册资本的违法行为，决定责令云凯公司改正，并罚款人民币25 500元，上缴国库。

江苏省南京市玄武区人民法院一审认为，田某某、刘某某及徐某某出资设立的云凯公司虽然存在注册资本不足的情况，但工商行政管理部门已责令其改正，并未撤销其登记，云凯公司的法人资格依然存在。田某某虽未能证明其已足额向云凯公司出资，致其股权存有瑕疵，但该存有瑕疵的股权，并非不可转让的标的。刘某某作为云凯公司股东和法定代表人，对云凯公司及田某某向云凯公司的出资情况是了解的，对田某某未实际出资的情况也是明知的。因此，刘某某主张否定股权转让合同的效力无事实及法律依据，刘某某应当按约定支付转让款。至于田某某、刘某某约定的转让款是否应以田某某补足出资为前提，双方合同未作约定，刘某某可要求云凯公司向田某某提出相应主张，但不影响田某某依据股权转让协议要求刘某某支付转让款。据此，判决刘某某于判决生效后10日内给付田某某股权转让款153 000元。一审诉讼费3360元，由刘某某负担。

刘某某不服一审判决，提起上诉，提出云凯公司不具备法人资格。

（二）实训要求

1. 学生学习《公司法》关于股东行使股东权利的规定，根据案件素材，依法分析本案中存不存在股东行使股东权利，滥用股东权利损害公司利益或者其他股东的利益的行为。

2. 学生分组讨论，田某某、刘某某签订股权转让协议书是否有效。

3. 学生辩论本案能否适用公司法人人格否认制度裁决云凯公司不具备法人资格。

4. 作为法官，对刘某某不服一审判决，提起云凯公司不具备法人资格的上诉，有无事实及法律依据，提出分析解决意见。

要点指导

1. 我国的公司法人人格否认制度主要适用于公司股东滥用公司法人独立地位和股东有限责任，逃避债务，严重损害公司债权人利益的情形，在此种情形下债权人可以直接向股东追偿。

2. 本案焦点在于云凯公司是否可以运用法人人格否认制度判断其丧失法人资格。云凯公司是经南京市工商行政管理局下关分局依法核准成立的企业法人，对其虚报注册资本的行为，该局已责令其改正并处以罚款，《公司法》第28条规定，股东应当按期足额缴纳公司章程中规定的各自所认缴的出资额。股东不按照前款规定缴纳出资的，应当向公司足额缴纳，补足出资，以使公司资本充实。在工商行政管理部门没有撤销其公司登记从而使其设立无效的情况下，云凯公司并未丧失法人资格。

3. 刘某某作为云凯公司股东和法定代表人，对云凯公司及田某某向云凯公司的出资情况是了解的，对田某某未实际出资的情况也是明知的。因此刘某某主张三名股东并未实际出资，云凯公司不具备法人资格，其自身及转让人田某某均不具备股东身份，因而双方签订的股权转让协议无效的上诉理由，没有法律依据，对此不予支持。

专项实训三　公司董事、监事、高级管理人员的资格和义务

基本知识

高级管理人员是指公司的经理、副经理、财务负责人、上市公司董事会秘书和公司章程规定的其他人员。

公司董事、监事、高级管理人员具有公司的决策权、执行权和监督权，他们的行为在很大程度上决定公司运行的质量，实质地影响公司、股东和公司债权人的利益。为强化公司董事、监事、高级管理人员的诚信义务，《公司法》对公司董事、监事、高级管理人员的资格和义务作了严格的规制。

一、公司董事、监事、高级管理人员的任职资格

公司董事、监事、高级管理人员的任职资格有积极任职资格和消极任职资格。积极任职资格包括《公司法》和一般民事法律规定的任职资格，也包括特别法设定的特别任职资格，如《证券法》第131条和第233条的规定和《证券投资基金法》第16条和第17条规定的特别任职资格。但为防范公司董事、监事、高级管理人员的诚信道德风险，《公司法》主要规制公司董事、监事、高级管理人员的消极任职资格。

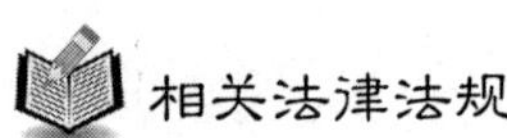

《中华人民共和国公司法》

第一百四十六条　有下列情形之一的，不得担任公司的董事、监事、高级管理

人员：

（一）无民事行为能力或者限制民事行为能力；

（二）因贪污、贿赂、侵占财产、挪用财产或者破坏社会主义市场经济秩序，被判处刑罚，执行期满未逾五年，或者因犯罪被剥夺政治权利，执行期满未逾五年；

（三）担任破产清算的公司、企业的董事或者厂长、经理，对该公司、企业的破产负有个人责任的，自该公司、企业破产清算完结之日起未逾三年；

（四）担任因违法被吊销营业执照、责令关闭的公司、企业的法定代表人，并负有个人责任的，自该公司、企业被吊销营业执照之日起未逾三年；

（五）个人所负数额较大的债务到期未清偿。

公司违反前款规定选举、委派董事、监事或者聘任高级管理人员的，该选举、委派或者聘任无效。

董事、监事、高级管理人员在任职期间出现本条第一款所列情形的，公司应当解除其职务。

二、公司董事、监事、高级管理人员的诚信义务

董事、监事、高级管理人员应当遵守法律、行政法规和公司章程，对公司负有忠实义务和勤勉义务。董事、监事、高级管理人员不得利用职权收受贿赂或者其他非法收入，不得侵占公司的财产。董事、监事、高级管理人员的诚信义务，包括忠实义务和勤勉义务。其中，忠实义务强调公司高管的道德操守和忠贞不渝，而勤勉义务强调公司高管的专业水准和敬业精神。[1]

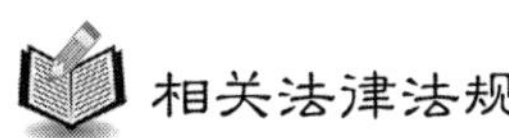
相关法律法规

《中华人民共和国公司法》

第一百四十七条　董事、监事、高级管理人员应当遵守法律、行政法规和公司章程，对公司负有忠实义务和勤勉义务。

董事、监事、高级管理人员不得利用职权收受贿赂或者其他非法收入，不得侵占公司的财产。

第一百四十八条　董事、高级管理人员不得有下列行为：

（一）挪用公司资金；

（二）将公司资金以其个人名义或者以其他个人名义开立账户存储；

（三）违反公司章程的规定，未经股东会、股东大会或者董事会同意，将公司资金借贷给他人或者以公司财产为他人提供担保；

---

〔1〕刘俊海：《现代公司法》，法律出版社2011年版，第507页。

（四）违反公司章程的规定或者未经股东会、股东大会同意，与本公司订立合同或者进行交易；

（五）未经股东会或者股东大会同意，利用职务便利为自己或者他人谋取属于公司的商业机会，自营或者为他人经营与所任职公司同类的业务；

（六）接受他人与公司交易的佣金归为己有；

（七）擅自披露公司秘密；

（八）违反对公司忠实义务的其他行为。

董事、高级管理人员违反前款规定所得的收入应当归公司所有。

三、公司董事、监事、高级管理人员的责任

1. 公司董事、监事、高级管理人员违反对公司的忠实义务，其取得的不法财产均归公司所有。

2. 董事应当对董事会的决议承担责任。董事会的决议违反法律、行政法规或者公司章程、股东大会决议，致使公司遭受严重损失的，参与决议的董事对公司负赔偿责任。但经证明在表决时曾表明异议并记载于会议记录的，该董事可以免除责任。

3. 赔偿责任。董事、监事、高级管理人员执行公司职务时违反法律、行政法规或者公司章程的规定，给公司造成损失的，应当承担赔偿责任。

4. 对董事、监事、高级管理人员提起诉讼。对董事、监事、高级管理人员违反忠实勤勉义务或违反法律、行政法规或者公司章程规定，损害股东利益的，股东可以向人民法院提起诉讼。

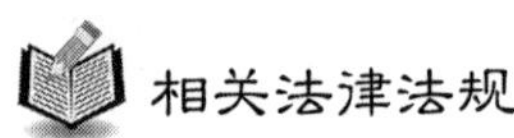
相关法律法规

《中华人民共和国公司法》

第一百四十九条 董事、监事、高级管理人员执行公司职务时违反法律、行政法规或者公司章程的规定，给公司造成损失的，应当承担赔偿责任。

第一百五十条 股东会或者股东大会要求董事、监事、高级管理人员列席会议的，董事、监事、高级管理人员应当列席并接受股东的质询。

董事、高级管理人员应当如实向监事会或者不设监事会的有限责任公司的监事提供有关情况和资料，不得妨碍监事会或者监事行使职权。

第一百五十一条 董事、高级管理人员有本法第一百四十九条规定的情形的，有限责任公司的股东、股份有限公司连续一百八十日以上单独或者合计持有公司百分之一以上股份的股东，可以书面请求监事会或者不设监事会的有限责任公司的监事向人民法院提起诉讼；监事有本法第一百四十九条规定的情形的，前述股东可以书面请求董事会或者不设董事会的有限责任公司的执行董事向人民法院提起诉讼。

监事会、不设监事会的有限责任公司的监事，或者董事会、执行董事收到前款规定的股东书面请求后拒绝提起诉讼，或者自收到请求之日起三十日内未提起诉讼，或者情况紧急、不立即提起诉讼将会使公司利益受到难以弥补的损害的，前款规定的股东有权为了公司的利益以自己的名义直接向人民法院提起诉讼。

他人侵犯公司合法权益，给公司造成损失的，本条第一款规定的股东可以依照前两款的规定向人民法院提起诉讼。

第一百五十二条 董事、高级管理人员违反法律、行政法规或者公司章程的规定，损害股东利益的，股东可以向人民法院提起诉讼。

操作技能实训

实训目的

通过操作技能实训，学生能够掌握公司董事、监事、高级管理人员的任职资格和对公司应尽的义务。培养学生运用公司法律法规的基本原理分析、判断、处理公司董事、监事、高级管理人员在经营执行权和监督管理中的行为是否合法的操作技能。

实训形式一——模拟法庭辩论、撰写法律文书

（一）实训素材[1]

天寿公司通过多方努力取得了承办某旅游节的授权，但是按照约定，其需要向主管该旅游节的旅游局支付活动保证金人民币 50 万元。宏兴公司的董事长、法定代表人马某指示宏兴公司的财务将本公司的人民币 50 万元作为天寿公司的旅游节保证金支付给了旅游局。此后马某又要求旅游局将上述 50 万元以退回押金的名义支付给了鹏远公司。后由于宏兴公司股权转让，马某因此离任，宏兴公司在审计时才获悉以上 50 万元的去向，宏兴公司遂以董事损害公司权益的理由起诉马某要求其承担赔偿责任，并要求天寿公司和鹏远公司承担连带的赔偿责任。

经法院查明，宏兴公司成立之初系天寿公司的全资子公司，马某系天寿公司的董事长、法定代表人，后又被其指定到宏兴公司担任董事长和法定代表人之职。鹏远公司也系天寿公司投资设立的子公司，其董事长和法定代理人胡某也是由公司指定的，并且胡某同时担任宏兴公司的董事。

（二）实训要求

1. 学生熟悉案件材料和《公司法》的相关法律法规。明确公司董事、监事、高级管理人员的义务和职责。

2. 学生分组针对以下问题进行模拟法庭辩论：一是本案中天寿公司、宏兴公司、

〔1〕 参见“公司高级管理人员损害赔偿案”，http://china.findlaw.cn/case/8851.html，访问时间：2017 年 6 月 30 日。

鹏远公司之间的法律关系。二是三个企业之间是否存在关联关系；宏兴公司的董事长、法定代表人马某指示宏兴公司的财务将本公司的人民币50万元作为天寿公司的旅游节保证金支付给了旅游局的行为是否违反忠实义务。三是宏兴公司的董事长、法定代表人马某、天寿公司、鹏远公司承担何种法律责任。

3. 要学生完成起诉状、代理词、答辩状、判决书。

要点指导

1. 天寿公司、宏兴公司、鹏远公司三个公司之间存在关联关系。

2. 《公司法》第148条规定，董事不得违反公司章程的规定，未经股东会、股东大会或者董事会同意，将公司资金借贷给他人或者以公司财产为他人提供担保。马某利用其同时担任天寿公司、宏兴公司法定代表人和董事的关联关系，将本公司的人民币50万元作为天寿公司的旅游节保证金支付给了旅游局。此后马某又要求旅游局将上述50万元以退回押金的名义支付给了鹏远公司。由此造成宏兴公司无法向旅游局追回50万元的结果，马某的行为违背其对宏兴公司所负的忠实义务。

3. 马某违背其对宏兴公司所负的忠实义务，侵害了公司利益，应依法对宏兴公司的损失承担赔偿责任。

马某系天寿公司的法定代表人，天寿公司对马某的侵权行为是明知的且有共同的主观故意，因此天寿公司与马某构成共同侵权，承担连带赔偿责任。

天寿公司无法证明鹏远公司与马某共同实施了董事侵害公司权益的行为，故无法根据董事损害公司权益这一理由主张鹏远公司承担共同还款义务。

实训形式二——模拟法律咨询、现场解答

(一) 实训素材[1]

曾任成都晶某玻璃机械有限公司股东和监事的李某，在从晶某公司离职后，与他人共同出资成立了经营范围与晶某公司类似的迪某公司。晶某公司以李某违反了《公司法》关于“竞业禁止”的相关规定造成晶某公司重大损失为由，将李某告上了法庭，要求赔偿近130万元。近日，成都市第二中级人民法院对此案作出终审判决，维持原判。《公司法》并未对监事篡夺公司商业机会行为及竞业行为作禁止性规定，且李某设立迪某公司时已不在晶某公司任职，对晶某公司的赔偿请求，不予支持。

2001年，经工商行政管理部门批准，秦某和李某登记成立了晶某公司，秦某认缴出资额180万元，任公司执行董事兼法定代表人、财务负责人，李某认缴出资20万元，任公司监事并记载于公司章程。晶某公司经营范围为：玻璃机械制造，玻璃制品、五

[1] 参见“监事负有竞业禁止的义务吗”，http://china.findlaw.cn/case/8809.html，访问时间：2017年12月31日。

金交电、建材、金属材料（除贵金属）的销售。同年 11 月，经政府批准，晶某公司与韩方合资成立恒力公司。同年 12 月，秦某授权李某以副总经理身份并以晶某公司名义参与项目投标。同时，晶某公司章程第 22 条规定："本公司的董事、经理及财务负责人不得兼任监事。"2002 年初，李某离开晶某公司，进入恒力公司并担任恒力公司副总经理，由恒力公司支付工资和代扣缴个人所得税。2004 年 3 月中旬，李某因其他原因离开恒力公司，恒力公司也于2004 年 3 月停止支付李某的工资和代为扣缴个人所得税。

2004 年 5 月，李某与案外人王某出资设立迪某公司，李某任执行董事兼法定代表人，王某任公司监事。迪某公司的经营范围为：机械设备、五金生产、加工及销售，塑料制品的销售，玻璃、陶瓷和搪瓷制品生产专用设备的技术开发、技术服务、技术咨询及设计、销售。

晶某公司发现后于 2009 年 2 月将李某诉至嘉定区人民法院，请求法院判令李某将其在迪某公司处所获得的收入 29.85 万元归原告所有，并判令被告赔偿原告经济损失 100 万元。

（二）实训要求

1. 学生熟悉案件材料和《公司法》相关规定，明确本案件需要解决的关键问题。

2. 学生分成两组，分别以咨询者、律师的角色，针对晶某公司要求李某将其在迪某公司处所获得的收入 29.85 万元归晶某公司所有，并要求李某赔偿晶某公司经济损失 100 万元的情形，模拟一次法律咨询现场。

3. 作为咨询者的学生根据案件就晶某公司要求李某将其在迪某公司处所获得的收入 29.85 万元归晶某公司所有，并要求李某赔偿晶某公司经济损失 100 万元等提出相关问题，作为律师的学生针对咨询者的问题进行分析，给出有事实和法律依据的解答。

4. 作为律师的学生写出解答书。

要点指导

1. 本案涉及监事负有竞业禁止的义务的纠纷。

2. 晶某公司要求李某将其在迪某公司处所获得的收入 29.85 万元归晶某公司所有，并要求李某赔偿晶某公司经济损失 100 万元的诉讼请求法院给予驳回。

3. 《公司法》规定，公司的董事、高级管理人员不得兼任监事，尽管晶某公司曾授权李某以副总经理的身份进行商业活动，但副总经理的身份与公司章程记载的监事身份相冲突，故依法不认定李某系晶某公司的副总经理。李某作为公司监事其所负的忠实、勤勉义务，是针对被告是否尽到监督职责而言的，《公司法》并未对监事篡夺公司商业机会行为及竞业行为作禁止性规定。况且李某设立迪某公司时已不在晶某公司任职，故对李某来说无竞业禁止的义务。

4. 《公司法》第 148 条规定，董事、高级管理人员不得未经股东会或者股东大会同意，利用职务便利为自己或者他人谋取属于公司的商业机会，自营或者为他人经营与所任职公司同类的业务。该规定只针对董事、高级管理人员，而不包括监事，李某无需受竞业禁止义务的限制。

实训形式三——课堂辩论、完成案件分析意见书

（一）实训素材〔1〕

某饮料公司股东张先生向银行贷款20万元，用于自己的汽车修理部。为此，张先生与银行签订了贷款合同。合同约定借款期限10个月，月利率6.26‰等。同日，饮料公司经理赵先生以公司的名义为上述借款提供了连带责任的保证。银行与赵先生签订了保证合同。合同约定饮料公司为公司股东张先生从银行的20万元借款提供连带责任的保证，保证期间2年，保证的范围是借款本息及实现债权的费用。同时，保证合同中还写明赵先生是饮料公司的经理，此借款是张先生的个人借款。借款期限届满后，张先生没有归还借款本息，饮料公司也没有承担保证责任。银行起诉至法院，要求张先生、饮料公司连带归还其借款本息20余万元。

（二）实训要求

1. 学生熟悉案件材料和相关法律规定，明确本案要解决的焦点问题。

2. 学生分组，对银行与张先生之间签订的贷款合同是否合法有效，饮料公司经理赵先生以公司的名义为张先生的贷款提供了连带责任的保证的行为有无违反《公司法》的规定进行分析辩论。

3. 分析担保人饮料公司对银行的损失是否应承担连带赔偿责任。

4. 根据辩论结果，写出案件分析意见书。

要点指导

1. 银行与张先生之间签订的贷款合同，合法有效。

2.《公司法》第148条规定，董事、高级管理人员不得违反公司章程的规定，未经股东会、股东大会或者董事会同意，将公司资金借贷给他人或者以公司财产为他人提供担保。本案中，饮料公司的股东张先生为个人的汽车修理部从银行贷款20万元，此债务是张先生的个人债务，与饮料公司无关。饮料公司经理赵先生以公司名义用公司资产为张先生的个人债务提供担保，违反了上述法律的禁止性规定。

3. 本案中，饮料公司经理赵先生以公司名义与银行签订的保证合同，一般应由债务人张先生、担保人饮料公司承担连带赔偿责任。但赵先生与银行签订的保证合同中写明赵先生只是饮料公司经理，此笔债务是张先生的个人债务，由此，债权人银行应

〔1〕参见“经理以公司名义为人贷款担保案例”，http://china.findlaw.cn/case/8896.html，访问时间：2017年12月31日。

当知道赵先生无权代理公司，他只是以公司名义为张先生的个人债务提供保证。所以，担保人饮料公司对银行的损失不应承担连带赔偿责任。

专项实训四　公司利润分配与公司解散

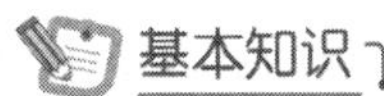

一、公司利润分配的原则

根据我国《公司法》的规定，公司分配税后利润应当按照下列顺序依次进行：

（一）弥补以前年度亏损

公司的法定公积金不足以弥补以前年度亏损的，在依照《公司法》第166条第1款规定提取法定公积金之前，应当先用当年利润弥补亏损。

（二）提取法定公积金

公司分配当年税后利润时，应当将利润的10%列入公司法定公积金。公司法定公积金累计额为公司注册资本的50%以上的，可以不再提取。

（三）提取任意公积金

公司在从税后利润中提取法定公积金后，经股东会或者股东大会决议，可以提取任意公积金。

（四）向股东分配利润

公司弥补亏损和提取公积金后所余税后利润，有限责任公司股东按照实缴的出资比例分取红利，全体股东约定不按照出资比例分取红利的除外。股份有限公司按照股东持有的股份比例分配，但股份有限公司章程规定不按持股比例分配的除外。公司持有的本公司股份不得分配利润。

二、公积金

公积金[1]，又称储备金，是指公司为增强自身财产能力，扩大生产经营和预防意外亏损之目的，依照《公司法》的规定提留备用，不作为股利分配的部分所得或收益。公积金主要用于弥补公司亏损、扩大公司生产经营、转增公司资本。

---

〔1〕公积金可分为法定公积金、任意公积金和资本公积金三大类。法定公积金是指依据法律规定而必须强制提取的公积金。其提取比例（或数额）及用途，都由法律直接规定。任意公积金是指公司根据股东会或者股东大会决议，在提取了法定公积金后，还可以从税后利润中提取任意公积金。资本公积金是指来源于公司非营业活动所产生的收益。

公司提取公积金是一项强制性的法律制度，不能由公司自行决定。为了防止出资者或股东追求利润分配最大化而可能影响公司的发展，损害投资者或股东的共同利益和长远利益，并可能损害债权人的利益，法律对公司公积金提取作出强制性规定，即公司分配当年税后利润时，应当提取利润的10%列入公司法定公积金。当公司法定公积金累计额为公司注册资本的50%以上时，可不再提取。

公司的公积金的用途，按《公司法》规定只能用于弥补公司的亏损、扩大公司生产经营或者转为增加公司资本。公司的法定公积金不足以弥补以前年度亏损的，在按规定提取法定公积金之前，应当先用当年利润弥补亏损。法定公积金转为资本时，所留存的该项公积金不得少于注册资本的25%。

相关法律法规

《中华人民共和国公司法》

第一百六十六条 公司分配当年税后利润时，应当提取利润的百分之十列入公司法定公积金。公司法定公积金累计额为公司注册资本的百分之五十以上的，可以不再提取。

公司的法定公积金不足以弥补以前年度亏损的，在依照前款规定提取法定公积金之前，应当先用当年利润弥补亏损。

公司从税后利润中提取法定公积金后，经股东会或者股东大会决议，还可以从税后利润中提取任意公积金。

公司弥补亏损和提取公积金后所余税后利润，有限责任公司依照本法第三十四条的规定分配；股份有限公司按照股东持有的股份比例分配，但股份有限公司章程规定不按持股比例分配的除外。

股东会、股东大会或者董事会违反前款规定，在公司弥补亏损和提取法定公积金之前向股东分配利润的，股东必须将违反规定分配的利润退还公司。

公司持有的本公司股份不得分配利润。

第三十四条 股东按照实缴的出资比例分取红利；公司新增资本时，股东有权优先按照实缴的出资比例认缴出资。但是，全体股东约定不按照出资比例分取红利或者不按照出资比例优先认缴出资的除外。

三、公司的解散

公司解散，是指公司因发生公司章程规定或法律规定的除破产以外的原因结束公司的正常经营活动，终止其法人资格的一种法律程序。公司解散可以分为自愿解散与强制解散。自愿解散，也称为任意解散，是指公司解散依据公司章程规定、股东会会议决议或公司合并分立等原因而发生的解散。强制解散是指基于法律规定的原因而发生的解散。《公司法》第 180 条列举了公司解散的五项事由：

（一）公司章程规定的营业期限届满或者公司章程规定的其他解散事由出现

该解散事由属于自愿解散事由。在不违反法律规定的前提下，公司章程可以规定包括营业期限在内的其他解散事由。当公司章程规定营业期限时，期限届满或规定的其他解散事由出现，公司即可以解散，无需股东会作出特别决议。

《公司法》为了避免公司的不必要的解散，还规定了当公司章程规定的解散事由发生后，公司还能继续存续。《公司法》第 181 条规定："公司有本法第 180 条第 1 项情形的，可以通过修改公司章程而存续。依照前款规定修改公司章程，有限责任公司须经持有 2/3 以上表决权的股东通过，股份有限公司须经出席股东大会会议的股东所持表决权的 2/3 以上通过。"

（二）股东会或者股东大会决议解散

该解散事由属于自愿解散事由，体现公司自治的精神。公司可以基于股东的共同意思表示而成立，也可以基于股东的共同意思表示而解散，所以公司可以通过股东会会议绝对多数决的形式议决公司的解散。《公司法》第 43 条和第 103 条规定，有限责任公司必须经代表 2/3 以上表决权的股东通过；股份有限责任必须经出席会议的股东所持表决权的 2/3 以上通过，可以作出公司解散的决议。

（三）因公司合并或者分立需要解散

该解散事由属于自愿解散事由。因公司合并、分立而发生的公司解散，属于法定解散事由，因公司合并、分立而解散的公司不需进行清算程序。直接将解散的公司权利义务关系进行概括性转移与继受，即可办理公司注销登记。

（四）依法被吊销营业执照、责令关闭或者被撤销

该解散事由属于强制解散事由。如果公司违反法律、行政法规的规定，有关行政管理机关或法院可以依法强行予以解散。

（五）司法解散

该解散事由属于强制解散事由。人民法院有权根据适格股东的诉讼请求，依照《公司法》第 182 条的规定予以解散。

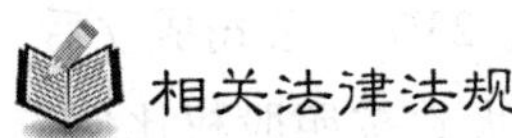

《中华人民共和国公司法》

第一百八十二条规定 公司经营管理发生严重困难，继续存续会使股东利益受到重大损失，通过其他途径不能解决的，持有公司全部股东表决权百分之十以上的股东，可以请求人民法院解散公司。

《最高人民法院关于适用〈中华人民共和国公司法〉若干问题的规定（二）》

第一条 单独或者合计持有公司全部股东表决权百分之十以上的股东，以下列事由之一提起解散公司诉讼，并符合公司法第一百八十三条规定的，人民法院应予受理：

（一）公司持续两年以上无法召开股东会或者股东大会，公司经营管理发生严重困难的；

（二）股东表决时无法达到法定或者公司章程规定的比例，持续两年以上不能做出有效的股东会或者股东大会决议，公司经营管理发生严重困难的；

（三）公司董事长期冲突，且无法通过股东会或者股东大会解决，公司经营管理发生严重困难的；

（四）经营管理发生其他严重困难，公司继续存续会使股东利益受到重大损失的情形。

股东以知情权、利润分配请求权等权益受到损害，或者公司亏损、财产不足以偿还全部债务，以及公司被吊销企业法人营业执照未进行清算等为由，提起解散公司诉讼的，人民法院不予受理。

第五条第一款 ……当事人不能协商一致使公司存续的，人民法院应当及时判决。

操作技能实训

实训目的

通过操作技能实训，掌握公司的设立原则、方式、条件和程序；掌握公司财务会计管理和公司的利润分配方式；掌握公司变更规则；掌握公司的解散、清算与终止等基本理论。培养学生运用公司法律法规的基本原理分析、处理公司有关设立、变更、解散等纠纷的能力。

实训形式——模拟法律咨询、现场解答

（一）实训素材[1]

原告董某某诉被告蔡某某、王某、刘某某损害公司利益责任案。第三人北京银网天成科技有限公司（以下简称银网天成公司）成立于2007年5月25日，股东为蔡某某、王某、刘某某和董某某，持股比例分别为30%、24%、23%、23%。公司成立后，未聘请其他员工，承接项目均由股东自己完成，所得收入由股东大致按照股权比例进行分配。双方当事人均认可，2008年10月至2013年5月期间，银网天成公司收入共计2 003 412元，扣除房租和纳税等费用后，剩余1 934 368元。该款由蔡某某，王某

〔1〕 参见北京市门头沟区人民法院（2014）门民初字第433号民事判决书。

和刘某某三人每3个月左右以工资形式进行了分配，未提取法定公积金予以留存，损害了公司的利益。董某某自2009年9月30日之后未参与分配。董某某主张对于银网天成公司2008年10月至2013年5月期间的收入，要求蔡某某、王某和刘某某退回公司，作为公司法定公积金予以留存，同时要求公司依照其股权比例分配4 001 414.18元。

（二）实训要求

1. 学生分成两组，研究案件材料后，分别以咨询者、律师的角色，就“董某某主张对于银网天成公司2008年10月至2013年5月期间的收入，要求蔡某某，王某和刘某某退回公司，作为公司法定公积金予以留存，同时要求公司依照其股权比例分配4 001 414.18元”模拟一次法律咨询现场。

2. 作为咨询者的学生根据案件就董某某主张的公司利润分红和公司法定公积金提取的相关问题提出质疑，作为律师的学生针对咨询者的问题进行分析，给出有事实和法律依据的解答。

3. 作为律师的学生写出解答书。

要点指导

1. 本案涉及股东利润分配比例及公司法定公积金的提取问题。根据《公司法》的规定，本案中，被告蔡某某、王某、刘某某在向股东分配利润前，未提取法定公积金留存公司，违法了法律的强制性规定，亦损害了银网天成公司的利益。原告董某某关于要求三被告退还违法分配的利润，作为公司法定公积金予以留存的诉讼请求，有事实和法律依据。

2. 对原告董某某认为自己依照股权比例应分得4 001 414.18元，三被告多分了本应由原告分得的利润，是对公司股东权益分配的异议，与股东个人的权益直接相关，而非直接构成对公司利益的损害，故原告关于应分得4 001 414.18元的诉讼请求，与本案损害公司利益责任纠纷案无关。

实训形式二——案件讨论、举行模拟法庭

（一）实训素材[1]

原告林某某诉称：常熟市凯莱实业有限公司（简称凯莱公司）经营管理发生严重困难，陷入公司僵局且无法通过其他方法解决，其权益遭受重大损害，请求解散凯莱公司。

被告凯莱公司及戴某某辩称：凯莱公司及其下属分公司运营状态良好，不符合公司解散的条件，戴某某与林某某的矛盾有其他解决途径，不应通过司法程序强制解散

[1] “林某某诉常熟市凯莱实业有限公司、戴某某公司解散纠纷案”，http://www.chinacourt.org/article/detail/2012/04/id/478577.shtml，访问时间：2017年6月29日。

公司。

法院经审理查明：凯莱公司成立于2002年1月，林某某与戴某某系该公司股东，各占50%的股份，戴某某任公司法定代表人及执行董事，林某某任公司总经理兼公司监事。凯莱公司章程明确规定：股东会的决议须经代表1/2以上表决权的股东通过，但对公司增加或减少注册资本、合并、解散、变更公司形式、修改公司章程作出决议时，必须经代表2/3以上表决权的股东通过。股东会会议由股东按照出资比例行使表决权。2006年起，林某某与戴某某两人之间的矛盾逐渐显现。同年5月9日，林某某提议并通知召开股东会，由于戴某某认为林某某没有召集会议的权利，会议未能召开。同年6月6日、8月8日、9月16日、10月10日、10月17日，林某某委托律师向凯莱公司和戴某某发函称，因股东权益受到严重侵害，林某某作为享有公司股东会1/2表决权的股东，已按公司章程规定的程序表决并通过了解散凯莱公司的决议，要求戴某某提供凯莱公司的财务账册等资料，并对凯莱公司进行清算。同年6月17日、9月7日、10月13日，戴某某回函称，林某某作出的股东会决议没有合法依据，戴某某不同意解散公司，并要求林某某交出公司财务资料。同年11月15日、25日，林某某再次向凯莱公司和戴某某发函，要求凯莱公司和戴某某提供公司财务账册等供其查阅、分配公司收入、解散公司。

江苏常熟服装城管理委员会（简称服装城管委会）证明凯莱公司目前经营尚正常，且愿意组织林某某和戴某某进行调解。

另查明，凯莱公司章程载明监事行使下列权利：①检查公司财务；②对执行董事、经理执行公司职务时违反法律、法规或者公司章程的行为进行监督；③当董事和经理的行为损害公司的利益时，要求董事和经理予以纠正；④提议召开临时股东会。从2006年6月1日至今，凯莱公司未召开过股东会。服装城管委会调解委员会于2009年12月15日、16日两次组织双方进行调解，但均未成功。

江苏省苏州市中级人民法院于2009年12月8日以（2006）苏中民二初字第0277号民事判决，驳回林某某的诉讼请求。宣判后，林某某提起上诉。江苏省高级人民法院于2010年10月19日以（2010）苏商终字第0043号民事判决，撤销一审判决，依法改判解散凯莱公司。

（二）实训要求

1. 要求学生学习公司对于公司章程制定、股东权利及其行使、公司解散等基本原理，理解公司章程、股东权利的法律意义和公司解散的法定条件。

2. 举行模拟法庭活动，学生分成原告、被告、审判人员，就林某某请求解散凯莱公司的诉讼，是否有事实与法律依据进行模拟法庭辩论，提出各自的主张。

3. 要求学生分别制作起诉状、答辩状，根据模拟法庭辩论结果制作民事判决书或民事调解书。

要点指导

1. 股东是否有权提起解散公司诉讼，需要具备什么条件。凯莱公司是否达到公司解散的条件。

2. 案件事实表明凯莱公司的经营管理已发生严重困难。《公司法》第182条规定，林某某持有凯莱公司50%的股份，也符合《公司法》关于提起公司解散诉讼的股东须持有公司10%以上股份的条件。

3. 判断公司的经营管理是否出现严重困难，应当从公司的股东会、董事会或执行董事及监事会或监事的运行现状进行综合分析。"公司经营管理发生严重困难"的侧重点在于公司管理方面存有严重内部障碍，如意见存有分歧、互不配合，4年未召开股东会，股东会机制失灵，无法就公司的经营管理进行决策，公司监事不能正常行使监事职权，无法发挥监督作用等，不应片面理解为公司资金缺乏、严重亏损等经营性困难。

4. 凯莱公司的僵局通过其他途径长期无法解决。《公司法解释（二）》第5条明确规定了"当事人不能协商一致使公司存续的，人民法院应当及时判决"。本案中，林某某在提起公司解散诉讼之前，已通过服装城管委调解、两审法院调解等途径试图化解矛盾，但均未成功。

专项实训五　有限责任公司股东知情权及股权转让

一、认识有限责任公司

有限责任公司，简称"有限公司"，是指依照《公司法》设立，股东以其所认缴的出资额为限对公司承担责任，公司以其全部财产对公司债务承担责任的企业法人。有限责任公司具有责任的有限性、人数的限制性、封闭性、资本不划分为等额的股份、设立程序和组织结构比较简单等特征。

二、有限责任公司股东和股东权

（一）股东与股东资格认定

股东，指在公司设立时向公司出资的人，或在公司成立后依法继受取得公司股权并对公司享有权利和承担义务的人。

股东资格的认定。股东资格是自然人、法人取得、行使股东权的前提。股东身份的认定主要依据于公司股东名册的记载、公司章程、出资证明书、工商登记、实际出资和实际享有股东权利等。在公司股东名册上记载的人可以认定为具有股东资格，这是对公司内部的效力。但是，在对外关系中，股东名册不具有对抗第三人的效力，股东资格身份股东资格身份只有依法经工商登记机关登记备案，才具有对抗第三人的效力。

另外，自然人股东死亡后，其合法继承人可以继承股东资格；但是，公司章程另有规定的除外。

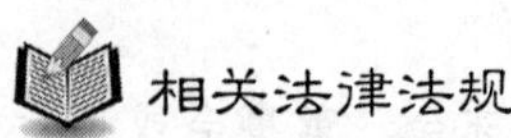

相关法律法规

《中华人民共和国公司法》

第二十八条第一款 股东应当按期足额缴纳公司章程中规定的各自所认缴的出资额……

第三十一条第一款 有限责任公司成立后，应当向股东签发出资证明书。

第三十二条 有限责任公司应当置备股东名册，记载下列事项：

（一）股东的姓名或者名称及住所；

（二）股东的出资额；

（三）出资证明书编号。

记载于股东名册的股东，可以依股东名册主张行使股东权利。

公司应当将股东的姓名或者名称向公司登记机关登记；登记事项发生变更的，应当办理变更登记。未经登记或者变更登记的，不得对抗第三人。

（二）股东权

股东权，是指股东基于其股东资格，依《公司法》和公司章程规定而享有的参与公司治理和获得利益的权利。

股东权是一种民事权利，既含有财产性权利，也含有非财产性权利，同时还是一种社员权。股东权可以分为自益权和共益权。

自益权，是指股东为了维护个人自身利益而行使的权利，主要包括股东利益分配请求权、剩余财产分配请求权、新股认购优先权、退股权、股份转让权、股东名册变更权等。

共益权，是指股东为维护包括自身利益在内的公司利益和全体股东利益而行使的权利。主要包括股东会议出席权、股东会议表决权、代表诉讼提起权、临时股东会召集请求权、股东会和董事会决议无效确认权、股东会和董事会决议撤销诉权、知情权或查阅权、公司解散请求权等。

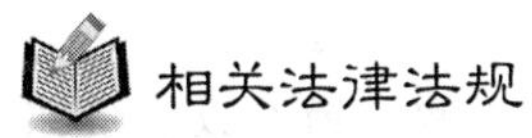

相关法律法规

《中华人民共和国公司法》

第四条　公司股东依法享有资产收益、参与重大决策和选择管理者等权利。

第三十三条　股东有权查阅、复制公司章程、股东会会议记录、董事会会议决议、监事会会议决议和财务会计报告。

股东可以要求查阅公司会计账簿。股东要求查阅公司会计账簿的，应当向公司提出书面请求，说明目的。公司有合理根据认为股东查阅会计账簿有不正当目的，可能损害公司合法利益的，可以拒绝提供查阅，并应当自股东提出书面请求之日起十五日内书面答复股东并说明理由。公司拒绝提供查阅的，股东可以请求人民法院要求公司提供查阅。

三、有限责任公司股权转让规则

股权转让，是指股东将其所持有的股权部分或全部转让给其他股东或者股东以外人的行为。

1. 公司的股东内部转让。有限责任公司的股东之间可以相互转让其全部或者部分股权。

2. 公司的股东外部转让，其他股东有优先购买权。股东向股东以外的人转让股权，应当经其他股东过半数同意。经股东同意转让的股权，在同等条件下，其他股东有优先购买权。

3. 人民法院强制转让，其他股东有优先购买权。

4. 股权转让的效力。公司股权转让无论是内部转让还是外部转让，公司应当将股东的姓名或者名称及其出资额向公司登记机关进行变更登记。未经登记或者变更登记的，不得对抗第三人。当股东转让股权后，公司应当注销原股东的出资证明书，向新股东签发出资证明书，并相应修改公司章程和股东名册中有关股东及其出资额的记载。对公司章程的该项修改不需再由股东会表决。

相关法律法规

《中华人民共和国公司法》

第七十一条　有限责任公司的股东之间可以相互转让其全部或者部分股权。

股东向股东以外的人转让股权，应当经其他股东过半数同意。股东应就其股权转让事项书面通知其他股东征求同意，其他股东自接到书面通知之日起满三十日未答复的，视为同意转让。其他股东半数以上不同意转让的，不同意的股东应当购买该转让的股权；不购买的，视为同意转让。

经股东同意转让的股权，在同等条件下，其他股东有优先购买权。两个以上股东主张行使优先购买权的，协商确定各自的购买比例；协商不成的，按照转让时各自的出资比例行使优先购买权。

公司章程对股权转让另有规定的，从其规定。

第七十二条 人民法院依照法律规定的强制执行程序转让股东的股权时，应当通知公司及全体股东，其他股东在同等条件下有优先购买权。其他股东自人民法院通知之日起满二十日不行使优先购买权的，视为放弃优先购买权。

《中华人民共和国公司登记管理条例》

第三十四条第一款 有限责任公司变更股东的，应当自变更之日起30日内申请变更登记，并应当提交新股东的主体资格证明或者自然人身份证明。

操作技能实训

实训目的

通过真实案件的操作技能实训，了解有限责任公司股东资格的取得、股东权利的范围及行使；理解股东股权转让规则，股东查阅权行使的原因及范围；判断股东查阅权行使目的的正当性。培养学生分析、处理公司法律实务的技能。

实训形式一——举行模拟法庭、制作起诉状等法律文书

（一）实训素材[1]

吕某某系持有北京盛世新大陆文化发展有限公司（以下简称新大陆公司）51%股权的股东，兼任执行董事。为了了解新大陆公司的详细财务状况和影响股权价值变化的具体会计事项，吕某某曾于2013年9月28日及2013年10月21日向新大陆公司递交了要求查阅2012年1月1日至2013年8月31日期间会计账簿的书面申请，但新大陆公司回函称只能提供2012年12月11日以后，即吕某某成为新大陆公司股东以后的会计账目。根据《公司法》的相关规定，股东有权通过查阅公司账簿了解公司自成立以来的全部经营状况和财务状况，且《公司法》未就股东查阅账簿的权利与成为股东的时间作出限制性规定。故吕某某起诉至法院，请求判令新大陆公司提供公司自2012年1月1日至今的财务账簿（会计账目，包括原始凭证）、财务会计报告供吕某某和吕某某委托的注册会计师查阅、复制。

新大陆公司答辩称：①吕某某自2012年12月11日通过受让王某、姜某的股权才成为新大陆公司股东，之前并不是公司股东，故其对公司之前的财务状况无权查阅；

〔1〕（2014）二中民（商）终字第11500号股东知情权纠纷一案，http://wenshu.court.gov.cn/content/content?DocID=45d78924-48ff-4628-a82c-b7d02e79d361&KeyWord=，访问时间：2017年9月30日。

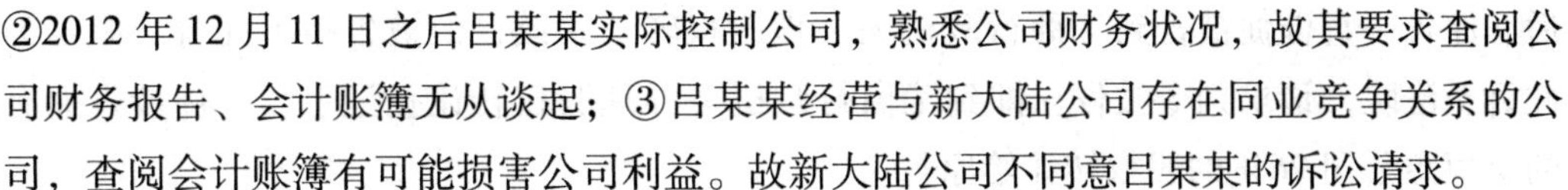

②2012年12月11日之后吕某某实际控制公司，熟悉公司财务状况，故其要求查阅公司财务报告、会计账簿无从谈起；③吕某某经营与新大陆公司存在同业竞争关系的公司，查阅会计账簿有可能损害公司利益。故新大陆公司不同意吕某某的诉讼请求。

（二）实训要求

1. 学生分组讨论，熟悉案件材料，分析股东是否有权要求查阅公司会计账簿以及查阅范围；分析股东查阅公司会计账簿的目的是否正当。

2. 作为律师，请分析吕某某的诉讼请求和新大陆公司的答辩是否有法律依据，并提出分析解决意见。

3. 学生分别扮演原告吕某某、被告新大陆公司和法庭，开展模拟法庭训练，制作起诉状、答辩状、民事判决书。

要点指导

1. 本案重点在于明确股东权利及其正确行使的问题。股东权，是指股东基于其股东资格，依《公司法》和公司章程规定公司股东依法享有资产收益、参与重大决策和选择管理者等权利。其中股东权包括知情权和查阅权。

2. 股东有权查阅、复制公司章程、股东会会议记录、董事会会议决议、监事会会议决议和财务会计报告。股东可以要求查阅公司会计账簿，但应当向公司提出书面请求，说明目的。公司可以拒绝提供查阅，并应当自股东提出书面请求之日起15日内书面答复股东并说明理由。公司拒绝提供查阅的，股东可以请求人民法院要求公司提供查阅。

3. 本案中，新大陆公司系有限责任公司，吕某某在2012年12月通过受让股权的形式成为新大陆公司的股东。吕某某作为新大陆公司的股东，依法享有股东相应的知情权。其目的本身并不存在任何不正当性，因法律并未禁止后续股东查阅其加入公司前的会计账簿。

实训形式二——课堂辩论、写出解答意见书

（一）实训素材[1]

原告王某甲（反诉被告）与被告王某乙（反诉原告）股权转让纠纷一案。原告王某甲诉称，原、被告同为沁阳市金恒源造纸机械有限公司（以下简称金恒源公司）的股东，其中：原告王某甲拥有公司53%的股份，被告王某乙拥有公司26%的股份，王某丙拥有公司21%的股份。2013年2月18日，被告与原告签订了一份股份转让协议，约定被告王某乙将金恒源公司26%股权以124.8万元转让给原告王某甲。原告于2013年4月1日通过中国农业银行以转账方式，将124.8万元款项一次性支付给了被告。此

〔1〕“王某甲（反诉被告）与王某乙（反诉原告）为股权转让纠纷一案一审判决书”，（2013）沁民商初字第00051号，http://ws.hncourt.gov.cn/paperview.php?id=1033210，访问时间：2017年9月5日。

后，原告一直催促被告到工商行政机关办理股权转让手续，但被告拒不配合。原告为此诉至法院，请求判令被告立即到工商行政机关办理股权转让登记手续，将被告拥有的金恒源公司26%的股权转让给原告。

被告王某乙答辩与反诉称，2010年3月25日，王某乙、王某甲及另一股东王某丙共同出资组建了金恒源公司。其中王某乙出资额为124.8万元，占26%股份；王某甲出资额为265万元，占53%股份；王某丙出资额为105万元，占21%股份。三人一致同意由王某甲全权料理公司一切事务。2013年2月18日，王某甲利用其长期占有公司经营权的优势，隐瞒公司已实际增值的客观事实，诱使王某乙与其签订了股权转让协议，以王某乙最初的出资额124.8万元的价格购买其全部股权。由于原、被告签订股权转让协议时王某乙有重大误解，且该协议显失公平，故被告提出反诉，请求撤销原、被告之间的股权转让协议。

（二）实训要求

1. 学生分组讨论案件材料，依法分析原告、被告的股权转让协议是否有效，公司股权转让是否需要进行变更登记。

2. 分析被告王某乙（反诉原告）撤销合同的反诉请求，其诉称股权转让协议显失公平，违反公平原则，有无事实及法律依据。

3. 依法对原告、被告的诉讼请求进行分析，提出各自的分析解决意见书。

要点指导

1. 明确有限责任公司股权转让规则。根据《中华人民共和国公司法》的规定，有限责任公司的股东之间可以相互转让其全部或者部分股权。

2. 判断合同是否有效。原告、被告同为金恒源公司的股东，双方之间的股权转让协议，符合法律规定，为有效合同。因为原告、被告同为公司的股东，对公司的经营状况享有同等的知情权，对于自己股权的价值是明知的，股权转让合同没有违反等价有偿原则，也不存在权利、义务明显违反公平原则的情形。

3. 有限责任公司股东转让股权后进行工商变更登记，不仅是转让股权的股东之约定义务，也是其法定义务，原告请求被告进行工商变更登记，属正当要求。根据《中华人民共和国公司登记管理条例》第35条第1款规定“有限责任公司股东转让股权的，应当自股权转让之日起30内申请变更登记，并应当提交新股东的主体资格证明或者自然人身份证明”。

实训形式三——课堂辩论、民事诉讼模拟审判

（一）实训素材

原告：黄某某

被告：佛山市南海区和顺昊通汽车电器空调实业有限公司（以下简称昊通公司）

第三人：傅某某

第三人：罗某某

第三人：谭某某

被告昊通公司由原告黄某某、第三人傅某某、罗某某、谭某某于2001年7月3日共同投资成立，其中原告黄某某持股10%，傅某某任公司法定代表人、执行董事，谭某某任监事。

2011年4月18日，被告昊通公司作为股权回购方，原告黄某某作为股权出售方签订《股权回购协议》，约定昊通公司以出资30万元和一台产权归属昊通公司的长安牌SC6443汽车（车牌为粤A6050C）为条件，回购黄某某原持有昊通公司10%的股权；昊通公司的回购资金分三期三个月支付完毕；黄某某收到第三期回购资金的同时应协助昊通公司办理股权回购手续，昊通公司在办理全过程工作完毕并确认无误的同时将长安牌SC6443汽车（车牌为粤A6050C）手续交接完毕。傅某某作为昊通公司的代表在《股权回购协议》上签名。

长安牌SC6443汽车（车牌为粤A6050C）为昊通公司出资购买，登记于原告黄某某名下，在《股权回购协议》签订后，该车由原告黄某某占有使用。在《股权回购协议》签订后，昊通公司向原告黄某某支付20万元股权回购款。

原告黄某某向法院起诉，请求：①判令被告继续履行《股权回购协议》，立即给付原告第三期股权收购款项10万元及相关迟延履行利息；②判令被告立即交付原告长安牌SC6443汽车（车牌为粤A6050C）的所有相关证件原件，包括但不仅限于该车辆的车辆登记证、车辆购买发票及车辆购置证。

（二）实训要求

1. 学生分小组讨论，根据案例素材，分析本案《股权回购协议》是否有效；公司是否有权回购股权；《公司法》规定公司回购股权的条件；股东起诉公司回购股权，其他股东应当是作为共同被告还是第三人。

2. 学生分成原告、被告、审判人员、证人，对各自的主张进行模拟法庭辩论。

3. 学生分别起草民事起诉状、答辩状、代理词、证据清单。

4. 学生根据模拟法庭辩论结果制作民事判决书或民事调解书。

要点指导

1. 依照《中华人民共和国合同法》第52条、第58条，《中华人民共和国公司法》第75条、第143条及《中华人民共和国民事诉讼法》第134条及第1、2、3款的规定进行分析。

2. 确认原告黄某某与被告佛山市南海区和顺昊通汽车电器空调实业有限公司于2011年4月18日签订的《股权回购协议》无效。

3. 原告黄某某应于本判决发生法律效力之日起10日内返还股权回购款20万元及车牌为粤A6050C的长安牌SC6443汽车予被告佛山市南海区和顺昊通汽车空调实业有限公司。

4. 驳回原告黄某某的诉讼请求。

专项实训六　股份有限公司发起人责任和股东大会决议的效力

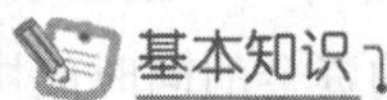

一、认识股份有限公司

股份有限公司，是指依法设立的，其全部资本分为等额股份，股东以其认购的股份为限对公司承担责任，公司以其全部财产对公司的债务承担责任的企业法人。股份有限公司具有与有限责任公司相区别的特征，表现在其具有责任的有限性、信息公开性、性质的资合性、股份的等额性、程序的复杂性等特征。

二、股份有限公司设立

（一）股份有限公司设立的条件

1. 发起人符合法定人数：应当有2人以上200人以下的发起人，其中须有半数以上的发起人在中国境内有住所。

2. 有符合公司章程规定的全体发起人认购的股本总额或者募集的实收股本总额。

3. 股份发行、筹办事项符合法律规定。

4. 发起人制订公司章程，采用募集方式设立的经创立大会通过。

5. 有公司名称，建立符合股份有限公司要求的组织机构。

6. 有公司住所。

（二）股份有限公司设立的方式

依照《公司法》的规定，股份有限公司的设立，可以采取发起设立的方式，也可以采取募集设立的方式。发起设立，是指由发起人认购公司应发行的全部股份而设立公司。募集设立，是指由发起人认购公司应发行股份的一部分，其余股份向社会公开募集或者向特定对象募集而设立公司。

三、发起人的责任

发起人，是为设立公司而签署公司章程、向公司认购出资或者股份并履行公司设立职责的人。公司发起人在公司的设立和运作过程中有其特殊的地位和作用，也有其特殊的法律责任，有别于一般股东。

1. 股份有限公司成立后，发起人不依照前款规定缴纳出资的，应当按照发起人协议承担违约责任。

2. 发起人未按期召开创立大会的责任。发起人应当自股款缴足之日起 30 日内主持召开公司创立大会。发起人应当在创立大会召开 15 日前将会议日期通知各认股人或者予以公告。创立大会由发起人、认股人组成。创立大会应有代表股份总数过半数的发起人、认股人出席，方可举行。创立大会对所议事项作出决议，必须经出席会议的认股人所持表决权过半数通过。

发行的股份超过招股说明书规定的截止期限尚未募足的，或者发行股份的股款缴足后，发起人在 30 日内未召开创立大会的，认股人可以按照所缴股款并加算银行同期存款利息，要求发起人返还。

发起人、认股人缴纳股款或者交付抵作股款的出资后，除未按期募足股份、发起人未按期召开创立大会或者创立大会决议不设立公司的情形外，不得抽回其股本。

四、股份有限公司组织机构

股份有限公司组织机构由股东大会、董事会、监事会等构成。

股东大会，是由全体股东组成的公司最高权力机关，决定公司的一切重大事项，依照《公司法》规定股东会行使下列职权：①决定公司的经营方针和投资计划；②选举和更换非由职工代表担任的董事、监事，决定有关董事、监事的报酬事项；③审议批准董事会的报告；④审议批准监事会或者监事的报告；⑤审议批准公司的年度财务预算方案、决算方案；⑥审议批准公司的利润分配方案和弥补亏损方案；⑦对公司增加或者减少注册资本作出决议；⑧对发行公司债券作出决议；⑨对公司合并、分立、解散、清算或者变更公司形式作出决议；⑩修改公司章程；⑪公司章程规定的其他职权。

股东大会分为股东年会和临时会议两种。股东出席股东大会会议，所持每一股份有一表决权。股东大会应当对所议事项的决定作成会议记录，主持人、出席会议的董事应当在会议记录上签名。会议记录应当与出席股东的签名册及代理出席的委托书一并保存。

董事会是公司股东大会的执行机构，对股东大会负责。董事会由董事组成，董事由股东大会选举产生。董事会由 5 ~ 19 名成员组成。董事会成员中可以有公司职工代表。

监事会是股份有限公司必设机构和监督机构。股份有限公司的监事会成员不得少于 3 人。监事会应当包括股东代表和适当比例的公司职工代表，其中职工代表的比例不得低于 1/3，具体比例由公司章程规定。

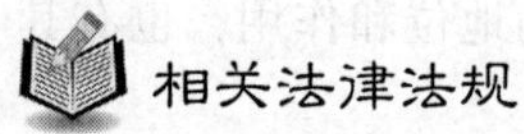

《中华人民共和国公司法》

第八十九条 发行股份的股款缴足后，必须经依法设立的验资机构验资并出具证明。发起人应当自股款缴足之日起三十日内主持召开公司创立大会。创立大会由发起人、认股人组成。

发行的股份超过招股说明书规定的截止期限尚未募足的，或者发行股份的股款缴足后，发起人在三十日内未召开创立大会的，认股人可以按照所缴股款并加算银行同期存款利息，要求发起人返还。

第九十四条 股份有限公司的发起人应当承担下列责任：

（一）公司不能成立时，对设立行为所产生的债务和费用负连带责任；

（二）公司不能成立时，对认股人已缴纳的股款，负返还股款并加算银行同期存款利息的连带责任；

（三）在公司设立过程中，由于发起人的过失致使公司利益受到损害的，应当对公司承担赔偿责任。

第一百一十七条 股份有限公司设监事会，其成员不得少于三人。

监事会应当包括股东代表和适当比例的公司职工代表，其中职工代表的比例不得低于三分之一，具体比例由公司章程规定……

操作技能实训

实训目的

通过真实案件的操作技能实训，理解股份有限公司设立的条件和程序；明确股份有限公司发起人的法律责任；熟知股份有限公司组织机构的设置及运行规则。培养学生运用公司法律法规的基本原理分析、处理股份有限公司法律实务的技能。

实训形式一——课堂辩论、写出解答意见书

（一）实训素材[1]

上海青花股份有限公司发起人在招股说明书中承诺自 2002 年 3 月 1 日起至 2002 年 5 月 1 日止，3 个月内首批向社会公开募集资金 5000 万元后，召开公司创立大会。但是，青花股份有限公司发起人在按期募足资金后，拖延至 2002 年 6 月 5 日仍未发出召开公司创立大会通知，股东要求股份有限公司发起人按所认购的股金加算银行利息予以返还，青花股份有限公司发起人认为公司按期募足了股份，目前正在积极筹备召开

〔1〕“上海青花股份有限公司发起人责任纠纷案（股份有限公司设立不能）”，http://www.sh148.org/law04/A/L/34313.htm，访问时间：2017 年 6 月 5 日。

公司创立大会，股东的要求不仅有违股金不可抽回的法律规定，而且这一行为将直接导致公司因未按期募足资金而不能成立，致发起人遭受较大的经济损失，不同意股东的要求。双方几经协商未达成一致，诉至人民法院。经审理，人民法院判决青花股份有限公司的发起人按股东所缴股款加算银行利息在判决生效后10日内予以一次性退还并承担本案诉讼费。

（二）实训要求

1. 学生首先熟悉股份有限公司设立的方式和程序以及公司创立大会在股份有限公司设立过程中的作用。

2. 学生分组了解案件材料，明确上海青花股份有限公司采取何种设立方式，分析上海青花股份有限公司发起人在设立公司过程中的行为有无不当之处，对公司未能设立，发起人应承担何种责任进行课堂辩论，要求有事实和法律依据。

3. 学生进行课堂辩论后，写出各自的解答意见书。

要点指导

1. 本案是发起人违反以募集方式设立股份有限公司程序而导致公司不能设立的典型案例。

2. 发起人应当自股款缴足之日起30日内主持召开公司创立大会。创立大会由发起人、认股人组成。发行股份的股款缴足后，发起人在30日内未召开创立大会的，认股人可以按照所缴股款并加算银行同期存款利息，要求发起人返还。

3. 本案中，发起人违反《公司法》的规定，超过规定的时间没有召开创立大会而致公司未能正常成立的直接后果，应当由发起人了承担；认股人因发起人未按期召开创立大会申请公司设立登记有权要求退股，发起人应按照所缴股款并加算银行同期存款利息予以返还。

实训形式二——课堂辩论、举行模拟法庭、制作法律文书

（一）实训素材〔1〕

原告彭某某诉被告湖北元升实业股份有限公司（以下简称元升公司）股东大会决议效力确认案。

1992年8月，湖北三峡柑桔罐头股份有限公司依法登记成立，1996年12月，其名称依法变更为“湖北震寰实业股份有限公司”（以下简称震寰公司）。依据相关改制精神和要求，2004年11月至12月，原告和严某某、张某某、杨某某、胡某某、石某某、刘某某（以下简称7名股东）通过股权转让共同出资全额收购了震寰公司发行的全部

〔1〕 国家法官学院案例开发研究中心编：《中国法院2016年度案例公司纠纷》，“彭某某诉湖北元升实业股份有限公司公司决议效力确认案”，中国法制出版社2016年版，第71～73页。

股份1659万股，并通过股东大会决议确认了7名股东各自的出资及持股比例。2005年1月19日，震寰公司召开股东大会并决议由7名股东组成董事会，由易某某等3人组成监事会。2005年10月18日，震寰公司7名股东签署了经股东大会决议通过的公司章程，并报公司登记机关备案。该章程第11条确认发行股票1659股，共发行股份总领为1659万元；第12条确认有7名股东，并确认了7名股东认购的股份及持股比例；第13条确认发行的为记名股票。2005年11月29日。震寰公司依法将其名称变更登记为元升公司。2014年7月23日，原告诉至法院，要求依法确认被告2005年1月19日选举彭某某等7名股东为董事组成董事会、易某某等3人为监事组成监事会的股东大会决议无效。

2005年1月19日，震寰公司经股东大会选举产生的董事会和监事会，至今没有进行改选，仅在2014年3月1日经董事会决议更换了董事长。元升公司向公司登记机关备案的股东名录仍只记载上述7名股东。

（二）实训要求

1. 学生熟悉股份有限公司组织机构的设立及其各自性质职责，股东大会的议事内容和规则。

2. 学生分组讨论，根据案件材料，依法分析震寰公司2005年1月19日的股东大会决议，对股东大会的决议是否有效，阐明法律依据，提出各自的分析解决意见。

3. 学生判断“元升公司辩称易某某等人是股东”这一说法是否正确，并进行辩论，提供证据予以证明。

4. 学生分别扮演原告、被告和法官，依法对彭某某请求确认震寰公司2005年1月19日的股东会决议无效进行模拟法庭活动，写出起诉状、答辩状、民事判决书。

要点指导

1. 本案涉及股份有限公司股东大会决议的效力问题。学生首先熟悉股份有限公司组织机构的设立及其召集程序、表决方式及决议内容是否均符合法律和章程的规定。

2. 分析股东资格的取得与确认。本案中，7名股东于2004年底认购了该公司的全部股本，并于2005年1月19日签署公司章程确认了7名股东的出资和持股比例。而元升公司提供的证据既不能证实易某某等3人从7名股东中的某人受让股份成为股东，也不能证实易某某等3人通过认购新股成为股东，故易某某等3人并不具备股东资格。

3. 元升公司2005年1月19日选举彭某某等7名股东为董事组成董事会、易某某等3人为监事组成监事会的股东大会决议违反了《公司法》规定的“股份有限公司应当设立监事会，监事会应当包括股东代表”，应当确认该股东大会内容无效。

单 元 三

证券法实训

专项实训一　证券经营行为的严格法律规制

一、证券的概念

证券是用以表明各类财产所有权或债权的书面凭证。证券法规定的证券是指股票、债券和国务院认定的其他证券。

股票是股份有限公司发行的用以证明股东所持股份并据以按股份享受权益和承担义务的凭证。

证券发行、证券交易活动必须遵守法律、行政法规。国家对证券发行、交易活动实行集中统一监督管理。我国证券市场实行严格的证券业务许可制度。设立证券公司，必须经国务院证券监督管理机构审查批准。只有经过国务院证券监督管理机构批准的证券公司才能经营证券业务。未经国务院证券监督管理机构批准，任何单位和个人不得经营证券业务。证券公司及其从业人员不得未经其依法设立的营业场所私下接受客户委托买卖证券。未经批准，擅自设立证券公司或者非法经营证券业务的，由证券监督管理机构予以取缔，并处以没收违法所得、罚款等行政处罚。

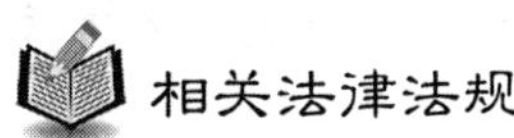

《中华人民共和国证券法》

第一百二十二条　设立证券公司，必须经国务院证券监督管理机构审查批准。未经国务院证券监督管理机构批准，任何单位和个人不得经营证券业务。

第一百九十七条　未经批准，擅自设立证券公司或者非法经营证券业务的，由证券监督管理机构予以取缔，没收违法所得，并处以违法所得一倍以上五倍以下的罚款；

没有违法所得或者违法所得不足三十万元的，处以三十万元以上六十万元以下的罚款。对直接负责的主管人员和其他直接责任人员给予警告，并处以三万元以上三十万元以下的罚款。

二、证券法的公开、公平、公正的原则

公开、公平、公正是证券法的基本原则。公开原则，是指证券发行人必须依法进行信息披露，及时地将可能影响证券发行、证券交易的依法必须公开的信息真实、准确、完整地披露。公开原则是证券法的灵魂。证券发行与交易本是平等主体之间的市场行为，发行人通过发行证券筹集资金，投资者自己对发行人发行的证券进行价值判断，认为质量好、能带来赢利机会或长期投资价值就自主决定购买，两者之间的证券买卖行为本无须政府操心。但事实上，除了少数大的机构投资者外，广大的投资者是分散的主体，相对于发行人来说，公众投资者太弱小了，各个投资者根本无能力、无水平去与发行人平等谈判、获取作出交易决定的必需的信息。所以，只能通过立法对证券发行人科以公开义务，以此保护投资者。公平原则，是指投资者、证券发行人等证券市场的相关主体法律地位平等，权利义务对等，公平交易和公平竞争。公正原则，是指证券监管执法机构要公正对待每一个被监管对象，证券市场的每一主体有权得到无差别的公正待遇。

相关法律法规

《中华人民共和国证券法》

第八十六条 通过证券交易所的证券交易，投资者持有或者通过协议、其他安排与他人共同持有一个上市公司已发行的股份达到百分之五时，应当在该事实发生之日起三日内，向国务院证券监督管理机构、证券交易所作出书面报告，通知该上市公司，并予公告；在上述期限内，不得再行买卖该上市公司的股票。

投资者持有或者通过协议、其他安排与他人共同持有一个上市公司已发行的股份达到百分之五后，其所持该上市公司已发行的股份比例每增加或者减少百分之五，应当依照前款规定进行报告和公告。在报告期限内和作出报告、公告后二日内，不得再行买卖该上市公司的股票。

第一百九十三条 发行人、上市公司或者其他信息披露义务人未按照规定披露信息，或者所披露的信息有虚假记载、误导性陈述或者重大遗漏的，责令改正，给予警告，并处以三十万元以上六十万元以下的罚款。对直接负责的主管人员和其他直接责任人员给予警告，并处以三万元以上三十万元以下的罚款。

发行人、上市公司或者其他信息披露义务人未按照规定报送有关报告，或者报送的报告有虚假记载、误导性陈述或者重大遗漏的，责令改正，给予警告，并处以三十万元以上六十万元以下的罚款。对直接负责的主管人员和其他直接责任人员给予警告，并处以三万元以上三十万元以下的罚款。

发行人、上市公司或者其他信息披露义务人的控股股东、实际控制人指使从事前两款违法行为的，依照前两款的规定处罚。

操作技能实训

实训目的

通过案例讨论和模拟行政处罚听证申辩，加深对证券、股票的概念和股票经营业务的理解，理解法律对于从事证券经营行为的严格要求，理解证券法的公开公平公正原则，培养学生运用证券法基本原理分析处理证券实务的操作技能。

实训形式一——案例讨论、模拟行政处罚听证申辩

（一）实训素材

2014 年 9 月 8 日至 2015 年 7 月 12 日，甲红麦公司通过运营红小麦网，使用某网络技术服务有限公司的 ABC 投资管理平台系统（一款软件）招揽客户，为客户提供账户开立、证券委托交易、清算、查询等证券交易服务，且按照证券交易量的一定比例收取费用，获取收入 15 493 446. 29 元。客户申请在红小麦网上融资进行股票交易，首先需要在红小麦网上注册，并经认证开立账户。客户取得 ABC 系统的子账户与密码后，登陆 ABC 系统可以进行委托买入、卖出、撤单等证券交易操作。截至 2015 年 7 月 12 日，甲红麦公司利用 ABC 系统共开立 16 955 个交易账户。截至 2015 年 7 月 31 日，甲红麦公司的客户通过 ABC 系统进行的证券交易总额为 379. 26 亿元。客户登陆 ABC 系统可以查询证券委托明细、成交明细、资金流水，通过红小麦网可以查询资金、持仓市值。甲红麦公司通过 ABC 系统、红小麦网对客户的证券、资金进行清算。

甲红麦公司未获得经营证券业务的行政许可。

（二）实训要求

1. 学生进行案例讨论，分析甲红麦公司的行为性质。

2. 学生模拟举行行政处罚听证会，一组代表甲红麦公司进行申辩，另一组对其申辩意见进行审理并作出处罚决定。

要点指导

本案应从甲红麦公司的业务内容、经营收入的来源及计算方式等方面分析判断甲红麦公司的行为是属于证券业务还是网络系统服务。

实训形式二——案例讨论、拟写行政处罚决定书

（一）实训素材

亿电集团通过直接持股以及通过上海亿正投资发展管理中心（以下简称亿正投资）

持股上海民特投资有限公司（以下简称民特投资）、上海华民投资有限公司（以下简称华民投资），对民特投资、华民投资具有股权控制关系。此外，亿电集团对民特投资、华民投资的人事、财务、投资决策均有控制权，包括：民特投资、华民投资的高级管理人员任命由亿电集团党委会决定；民特投资、华民投资向亿电集团提出的借款申请程序由亿电集团审批；民特投资、华民投资在二级市场的证券交易都先由亿电集团就买卖股票数量和资金安排下达指令；民特投资、华民投资作为股东参加上海万陵股份有限公司（以下简称上海万陵）和上海飞歌音响股份有限公司（以下简称飞歌音响）的股东大会，都事先向亿电集团请示是否参加及投票事宜。2008 年 5 月，亿电集团与亿电集团本部工会签订《委托持股协议》，亿电集团本部工会以代持有的方式持有亿电集团对亿正投资 100% 的股权。

2008 年 6 月 2 日，亿电集团与民特投资、华民投资合计持有“上海万陵”股权比例 7.59%（其中亿电集团直接持股 0.43%），超过上市公司总股本的 5%，亿电集团应当予以披露。2008 年 6 月 3 日，上海市国资委将所持“上海万陵”股权转至亿电集团名下后，亿电集团与民特投资、华民投资合计持有“上海万陵”股权比例为 24.95%（其中亿电集团直接持股 17.71%），亿电集团仍未对合计持股情况进行披露。2010 年 5 月 10 日，民特投资将所持“上海万陵”股票通过大宗交易转让给亿电集团。

中国证券监督管理委员会拟对上述亿电集团的行为进行查处。

（二）实训要求

1. 学生进行分组讨论，根据《证券法》的规定分析亿电集团的违法行为，提出处理意见。

2. 学生拟写对亿电集团的行政处罚决定书。

3. 学生进一步讨论亿电集团的证券违法行为是否可能造成证券投资者的损失、证券投资者是否可以索赔。

要点指导

1. 本案要分析亿电集团是否负有信息披露义务，依法该如何披露。

2. 进一步分析信息依法公开的重要意义，理解证券法的公开公平公正原则。

专项实训二　证券市场主体的性质及其行为规范

基本知识

一、证券监督管理机构

我国的证券监督管理机构，即《证券法》所称的国务院证券监督管理机构，是中国证券监督管理委员会。中国证券监督管理委员会直属国务院，其性质属于事业单位而非行政机关，但依照法律、法规和国务院授权，统一监督管理全国证券、期货市场，维护证券、期货市场秩序，保障其合法运行。

国务院证券监督管理机构在对证券市场实施的监督管理中履行下列职责：依法制定有关证券市场监督管理的规章、规则，并依法行使审批或者核准权；依法对证券的发行、上市、交易、登记、存管、结算，进行监督管理；依法对证券发行人、上市公司、证券公司、证券投资基金管理公司、证券服务机构、证券交易所、证券登记结算机构的证券业务活动，进行监督管理；依法制定从事证券业务人员的资格标准和行为准则，并监督实施；依法监督检查证券发行、上市和交易的信息公开情况；依法对证券业协会的活动进行指导和监督；依法对违反证券市场监督管理法律、行政法规的行为进行查处等。

国务院证券监督管理机构依据调查结果，有权对证券违法行为作出处罚决定并予以公开。

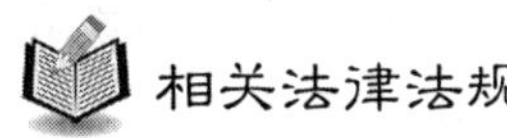
相关法律法规

《中华人民共和国证券法》

第四十七条　上市公司董事、监事、高级管理人员、持有上市公司股份百分之五以上的股东，将其持有的该公司的股票在买入后六个月内卖出，或者在卖出后六个月内又买入，由此所得收益归该公司所有，公司董事会应当收回其所得收益。但是，证券公司因包销购入售后剩余股票而持有百分之五以上股份的，卖出该股票不受六个月时间限制。

公司董事会不按照前款规定执行的，股东有权要求董事会在三十日内执行。公司董事会未在上述期限内执行的，股东有权为了公司的利益以自己的名义直接向人民法院提起诉讼。

公司董事会不按照第一款的规定执行的，负有责任的董事依法承担连带责任。

第一百九十五条　上市公司的董事、监事、高级管理人员、持有上市公司股份百分之五以上的股东，违反本法第四十七条的规定买卖本公司股票的，给予警告，可以并处三万元以上十万元以下的罚款。

二、证券业从业人员的资格管理及其行为规范

中国证券业实行从业人员资格管理制度，在证券公司、基金管理公司、证券投资咨询机构等经营证券业务的机构中从事证券业务的专业人员，应当依法取得从业资格和执业证书方可执业。

公开募集基金的基金管理人的董事、监事、高级管理人员和其他从业人员，其本人、配偶、利害关系人进行证券投资，应当事先向基金管理人申报，并不得与基金份额持有人发生利益冲突。

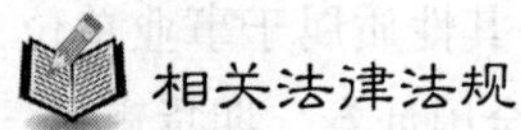

《中华人民共和国证券投资基金法》

第十七条 公开募集基金的基金管理人的董事、监事、高级管理人员和其他从业人员，其本人、配偶、利害关系人进行证券投资，应当事先向基金管理人申报，并不得与基金份额持有人发生利益冲突。

公开募集基金的基金管理人应当建立前款规定人员进行证券投资的申报、登记、审查、处置等管理制度，并报国务院证券监督管理机构备案。

《中华人民共和国证券法》

第四十三条 证券交易所、证券公司和证券登记结算机构的从业人员、证券监督管理机构的工作人员以及法律、行政法规禁止参与股票交易的其他人员，在任期或者法定限期内，不得直接或者以化名、借他人名义持有、买卖股票，也不得收受他人赠送的股票。

任何人在成为前款所列人员时，其原已持有的股票，必须依法转让。

第一百九十九条 法律、行政法规规定禁止参与股票交易的人员，直接或者以化名、借他人名义持有、买卖股票的，责令依法处理非法持有的股票，没收违法所得，并处以买卖股票等值以下的罚款；属于国家工作人员的，还应当依法给予行政处分。

三、证券公司

证券公司是指依照《公司法》和《证券法》规定设立的经营证券业务的有限责任公司或者股份有限公司。

证券公司的业务包括证券经纪、证券投资咨询、与证券交易或证券投资活动有关的财务顾问、证券承销与保荐、证券自营、证券资产管理、其他证券业务，每一家证券公司可以经营的业务范围均必须经国务院证券监督管理机构批准。

证券公司及其从业人员不得未经其依法设立的营业场所私下接受客户委托买卖证券。证券公司的从业人员在任期内不得直接或者以化名、借他人名义持有、买卖股票，也不得收受他人赠送的股票。

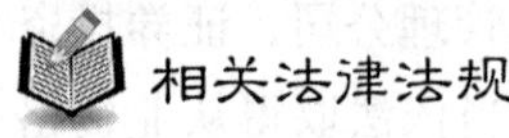

《中华人民共和国证券法》

第一百四十五条 证券公司及其从业人员不得未经过其依法设立的营业场所私下接受客户委托买卖证券。

第一百九十九条　法律、行政法规规定禁止参与股票交易的人员，直接或者以化名、借他人名义持有、买卖股票的，责令依法处理非法持有的股票，没收违法所得，并处以买卖股票等值以下的罚款；属于国家工作人员的，还应当依法给予行政处分。

第二百一十五条　证券公司及其从业人员违反本法规定，私下接受客户委托买卖证券的，责令改正，给予警告，没收违法所得，并处以违法所得一倍以上五倍以下的罚款；没有违法所得或者违法所得不足十万元的，处以十万元以上三十万元以下的罚款。

操作技能实训

实训目的

通过对上市公司高管证券违法案件、证券从业人员证券违法行为的模拟处理，理解证券监督管理机构的性质和职能，理解证券法对证券从业人员从事证券交易行为的特别规定，并掌握证券监督管理机构对证券违法行为的处理程序、证券法规定的证券公司从业人员的行为规范以及对证券公司从业人员证券违法行为的认定。培养学生运用证券法知识处理证券实务的能力。

实训形式一——案例讨论、拟写行政处罚决定书

（一）实训素材

2007 年 4 月 12 日至 2009 年 4 月 3 日，王某任上市公司海建水泥副总经理。2007 年 8 月至 2008 年 11 月，王某个人证券账户有 16 个交易日交易过“海建水泥”股票，累计买入 109 600 股，卖出 48 477 股。其中，2007 年 8 月 20 日，卖出该股 10 000 股；2008 年 1 月 25 日，买入 5000 股；5 月 6 日，卖出 3000 股；5 月 15 日，卖出 7000 股；6 月 30 日，买入 3100 股；7 月 11 日，卖出 2100 股；7 月 15 日，买入 7500 股；7 月 16 日，买入 22 000 股；7 月 17 日，买入 7000 股；7 月 22 日，买入 30 000 股；7 月 24 日，卖出 4500 股；7 月 29 日，买入 22 500 股；7 月 31 日，买入 12 500 股；11 月 18 日，卖出 20 000 股；11 月 24 日，卖出 877 股；11 月 27 日，卖出 1000 股。

中国证券监督管理委员会拟对上述王某的行为进行查处。

（二）实训要求

1. 学生进行分组讨论，根据《证券法》的规定分析王某的违法行为，提出处理意见。

2. 学生拟写对王某的行政处罚决定书。

要点指导

1.《证券法》的证券短线交易收益归入规则，目的是通过上市公司对交易收益的追缴，有效地淡化、消除内幕人员从事内幕交易的动机，从而在一定程度上减少、防止内幕交易的发生。该规则限制的对象为具备特定的身份，且凭借其身份可获得公司内幕信息之人，包括公司董事、监事、高级管理人员、持有上市公司股份5%以上的股东。

2. 证券监督管理机构对短线交易违法行为的查处，应当查明行为人短线交易行为的时点，依照《证券法》规定处理。

实训形式二——案例讨论、拟写行政处罚听证会的申辩意见书

（一）实训素材

2006年3月，李某任职某基金管理公司经理助理，在执行职务活动、向其管理的基金推荐买入“新路中和”股票的过程中，使用自己控制的其父亲“李某龙”的证券账户先于该基金买入“新路中和”股票，并在其后连续买卖该股。期间，李某还利用职务权限，多次查询该基金投资“新路中和”股票的信息，充分掌握了该基金的投资情况。截至2006年4月6日全部卖出前，“李某龙”证券账户累计买入“新路中和”股票60 903股，累计买入金额76.49万元；全部卖出所得金额105.45万元，获利28.96万元。此外，2006年4月至5月，李某还利用“李某龙”资金账户下挂的“李某军”证券账户连续买卖“新路中和”股票，为自己及他人获利123.76万元。

李某办理了“李某龙”“李某军”资金账户的开立手续，将“李某军”证券账户下挂在“李某龙”资金账户；“李某龙”资金账户的交易资金62万元系由李某本人的银行账户在2006年2月7日划入；“李某龙”证券账户网络交易IP地址、李某所在基金公司出差记录与报销凭证以及李某的询问笔录，证明李某曾通过网络交易的方式在香港、新疆、云南等地交易过“新路中和”股票。李某承认其从“新路中和”股票交易获利中分得了收益。

中国证监会拟对李某作出《行政处罚决定书》，取消李某基金从业资格，处以终身市场禁入，没收李某152.72万的违法所得，并处以50万元罚款。

（二）实训要求

1. 学生分组讨论，分析李某的行为的性质。

2. 学生以李某代理人身份拟写行政处罚听证会的申辩意见书，向证监会提出申辩意见。

要点指导

1. 本案首先应当分析李某的职业身份以及法律对其证券交易行为的限制。

2. 分析认定李某“老鼠仓”行为的证据是否充分、是否形成完整证据链。

3. 分析李某行为的危害后果、是否导致与基金份额持有人发生利益冲突。

实训形式三——案例讨论、拟写行政处罚听证会的申辩意见书

（一）实训素材

赵某系甲证券股份有限公司某营业部员工，2012 年 2 月 25 日取得证券投资咨询业务资格。自 2014 年 6 月 27 日起，赵某瞒着甲证券公司，接受女朋友介绍的顾某的委托，使用“王某”账户为顾某交易股票，该账户于 2015 年 5 月 8 日已全部清仓，期间该账户累计买入股票成交金额 19 203 091. 79 元，累计卖出股票成交金额 19 510 265. 35 元，账户盈利 307 173. 60 元。赵某未收取任何报酬。

2015 年 3 月 26 日至 7 月 31 日，赵某出资 20 万元作为保证金，通过王某涛向黄某借用证券账户并融资 100 万元，账户合计资金 120 万元。上述期间赵某使用“黄某”账户交易了“珈利股份”等股票，累计买入股票成交金额 10 661 570. 52 元，累计卖出股票成交金额 9 808 334. 88 元，期末持仓“珈利股份”“利得云”“风尚科技”等 3 只股票，合计市值 822 886. 00 元，期间账户亏损 30 349. 64 元。

2015 年 1 月 25 日，石某云与李某强签署了《借款协议书》，将自己证券账户及其中的 100 万元资金借给李某强。2015 年 3 月，赵某出资 20 万元作为保证金，并以向李某强支付月息 1. 1% 为对价，取得了“石某云”证券账户及其中 100 万元资金的使用权，包括保证金在内，账户合计资金 120 万元。赵某使用该账户进行证券交易，首次使用“石某云”账户的时间为其 2015 年 3 月份交易“珈利股份”时，该账户最后清仓时间为 2015 年 6 月 2 日。上述期间赵某使用“石某云”账户交易了“珈利股份”等股票，累计买入股票成交金额 6 302 991. 48 元，累计卖出股票成交金额 6 654 929. 90 元，盈利 351 938. 42 元。

赵某通过自己的银行账户向其表姐“麦某”的三方存管银行账户转款，再转入“麦某”证券账户，向“麦某”账户出资，并使用该账户。自 2013 年 9 月 26 日至 2015 年 6 月 19 日，赵某使用“麦某”账户累计买入股票成交金额 6 332 617. 13 元，累计卖出股票成交金额 6 488 542. 57 元，盈利 80 431. 20 元。

上述交易的买、卖下单均由赵某在其惯常使用的 IP 地址完成。

（二）实训要求

1. 学生分组讨论，分析赵某的行为哪些属于违法行为，分别属于何种违法行为。

2. 学生帮赵某拟写行政处罚听证会的申辩意见书，向证监会提出申辩意见。

要点指导

1. 本案要对赵某操作“王某”“黄某”“石某云”“麦某”账户进行股票交易的各个行为分别分析，重点分析赵某为了谁的利益操作上述账户，账户资金来源及利益归属。

2. 根据赵某的职业身份判断其行为的违法性，同时分析其是否盈利对行为性质的认定有无影响。

专项实训三　证券发行及审核制度

一、证券发行及审核

证券发行，特别是面向不特定的社会公众投资者的公开发行，不仅仅涉及投资者个体的利益，还涉及社会公众利益。所以，证券法对证券的公开发行应当实行政府监管，进行严格的法律规制。

现阶段，我国对证券的公开发行实行核准制度。《证券法》规定：公开发行证券，必须符合法律、行政法规规定的条件，并依法报经国务院证券监督管理机构或者国务院授权的部门核准；未经依法核准，任何单位和个人不得公开发行证券。

证券发行的法定审核机构是国务院证券监督管理机构或者国务院授权的部门。前者是指中国证券监督管理委员会，后者包括财政部、中国人民银行等。国务院证券监督管理机构负责股票的发行审核，而公司债券的发行由国务院授权的部门和国务院证券监督管理机构负责审核。对于股票的设立发行或新股发行申请，国务院证券监督管理机构依照法定条件和法定程序作出予以核准或者不予核准股票发行申请的决定。

《中华人民共和国证券法》

第十条　公开发行证券，必须符合法律、行政法规规定的条件，并依法报经国务院证券监督管理机构或者国务院授权的部门核准；未经依法核准，任何单位和个人不得公开发行证券。

有下列情形之一的，为公开发行：

（一）向不特定对象发行证券的；

（二）向特定对象发行证券累计超过二百人的；

（三）法律、行政法规规定的其他发行行为。

非公开发行证券，不得采用广告、公开劝诱和变相公开方式。

《中华人民共和国刑法》

第一百七十九条　未经国家有关主管部门批准，擅自发行股票或者公司、企业债券，数额巨大、后果严重或者有其他严重情节的，处五年以下有期徒刑或者拘役，并处或者单处非法募集资金金额百分之一以上百分之五以下罚金。

单位犯前款罪的，对单位判处罚金，并对其直接负责的主管人员和其他直接责任人员，处五年以下有期徒刑或者拘役。

二、股票（证券）的公开发行

公开发行也称公募发行，是指证券发行人向不特定的社会公众投资者或者向累计超过200人的特定对象发售证券的发行方式。公开发行时，任何合法的投资者都可以认购。公开发行具有发行对象范围广、发行证券数量多、筹集资金潜力大的优点，可避免发行的证券过于集中或被少数人操纵，可增强证券的流动性。公开发行的发行条件由法律严格规定，信息公开要求高，发行必须依照法定程序进行。

公开发行股票，包括设立发行和新股发行，二者均应向国务院证券监督管理机构提出发行申请，国务院证券监督管理机构依照法定条件和法定程序作出予以核准或者不予核准股票发行申请的决定。

非公开发行股票及其股权转让，不得采用广告、公告、广播、电话、传真、信函、推介会、说明会、网络、短信、公开劝诱等公开方式或变相公开方式向社会公众发行。

三、股票发行的条件

（一）首次公开发行股票的条件

依照《证券法》的规定，设立股份有限公司公开发行股票，应当符合《公司法》规定的设立股份有限公司的条件和经国务院批准的国务院证券监督管理机构规定的其他条件。2006年5月17日，中国证券监督管理委员会颁布的《首次公开发行股票并上市管理办法》对首次公开发行并上市的股票发行在主体资格、独立性、规范运行、财务与会计、募集资金运用等方面作出了具体的条件规定。发行人依法披露的信息，必须真实、准确、完整，不得有虚假记载、误导性陈述或者有重大遗漏。

（二）新股发行条件

股份公司公开发行新股，应当符合下列条件：①具备健全且运行良好的组织机构；②具有持续盈利能力，财务状况良好；③最近三年财务会计文件无虚假记载，无其他重大违法行为；④经国务院批准的国务院证券监督管理机构规定的其他条件。

上市公司非公开发行新股，应当符合经国务院批准的国务院证券监督管理机构规定的条件，并报国务院证券监督管理机构核准。

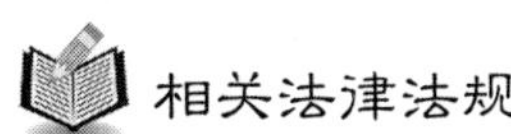

《中华人民共和国证券法》

第十二条 设立股份有限公司公开发行股票，应当符合《中华人民共和国公司法》

规定的条件和经国务院批准的国务院证券监督管理机构规定的其他条件，向国务院证券监督管理机构报送募股申请和下列文件：

（一）公司章程；

（二）发起人协议；

（三）发起人姓名或者名称，发起人认购的股份数、出资种类及验资证明；

（四）招股说明书；

（五）代收股款银行的名称及地址；

（六）承销机构名称及有关的协议。

依照本法规定聘请保荐人的，还应当报送保荐人出具的发行保荐书。

法律、行政法规规定设立公司必须报经批准的，还应当提交相应的批准文件。

第十三条 公司公开发行新股，应当符合下列条件：

（一）具备健全且运行良好的组织机构；

（二）具有持续盈利能力，财务状况良好；

（三）最近三年财务会计文件无虚假记载，无其他重大违法行为；

（四）经国务院批准的国务院证券监督管理机构规定的其他条件。

上市公司非公开发行新股，应当符合经国务院批准的国务院证券监督管理机构规定的条件，并报国务院证券监督管理机构核准。

第二十六条 国务院证券监督管理机构或者国务院授权的部门对已作出的核准证券发行的决定，发现不符合法定条件或者法定程序，尚未发行证券的，应当予以撤销，停止发行。已经发行尚未上市的，撤销发行核准决定，发行人应当按照发行价并加算银行同期存款利息返还证券持有人；保荐人应当与发行人承担连带责任，但是能够证明自己没有过错的除外；发行人的控股股东、实际控制人有过错的，应当与发行人承担连带责任。

操作技能实训

实训目的

通过对实际案例的讨论，加深理解《证券法》规定的证券发行的审核制度；通过对具体经营计划的讨论与合法性审查，加深对股票公开发行的概念理解，掌握股票公开发行和股票发行条件的法律规定，培养学生能正确认定证券发行的违法、犯罪行为，能运用所学知识处理证券实务的技能。

实训形式一——案例讨论、写作案例分析报告

（一）实训素材

深圳金源矿业投资股份有限公司（以下简称金源公司）于2013年5月注册成立，主要经营矿业项目投资、矿业开发等项目，股东为张某源、李某艳、关某英等17个自然人及深圳市金禧投资基金管理有限公司。金源公司自成立以来，未经证监部门批准，以公司计划在加拿大多伦多证券交易所创业板上市、购买公司原始股上市后可以获得高额回报为名，由公司工作人员或公司股东通过电话联系投资者、约谈投资者、以“口口相传”等公开、变相公开方式向社会不特定对象出售公司股票，股价为3.8元每股（后变更为1元每股），并向投资者承诺没有上市之前，公司按照投资额20%的比例支付利息。投资者有意向购买公司股票后，公司组织投资者召开上市业务说明会或邀请投资者到公司结合幻灯片演示详细介绍公司情况及增发股票业务。投资者通过银行转账、POS机刷卡、缴纳现金等方式支付购股款项后，与金源公司签订《股份认购协议书》《股权确认书》，作为投资者认购、持有公司股票的证明。金源公司收取投资者的股份认购款后主要用于支付公司员工工资、介绍他人购买股票提成、租用办公场地、员工出差、公司日常运作等。经统计，截止到2014年6月12日，金源公司向50余名投资者收取股本金人民币462.3万元。

张某源作为金源公司的法定代表人、董事长、总经理，负责公司运作成立、总体经营管理、增发股票及借款业务的提议及决策等。李某艳作为金源公司的股东、监事、副总经理，负责协助张某源经营管理、制作公司增发股票业务有关宣传资料、参与组织面向投资者的上市说明会、向投资者介绍洽谈增发股票业务、公司员工内部培训等。关某英作为金源公司的股东、行政前台、行政经理，负责公司行政事务、参与组织面向投资者的上市说明会、向投资者介绍增发股票业务、公司员工内部培训等。王某来作为金源公司的行政前台，负责联系客户购买公司股票、参与向投资者介绍增发股票业务、公司员工内部培训等。

金源公司现已停止营业，人去楼空。

（二）实训要求

1. 学生分组讨论，分析本案中证券发行行为是否合法，哪些主体的行为违法，是否构成犯罪。

2. 学生根据案例讨论结果写作案例分析报告。

要点指导

1. 本案例分析应当把握对股票公开发行行为的认定。

2. 注意分析该公司股票“拟到境外上市”是否可以不适用我国对股票发行的审核制度。

实训形式二——募资计划合法性审查、制作法律意见书

（一）实训素材

2013年年初，北京贤弘文化传播公司开发了一项新产品，该产品发展前景较好。贤弘公司希望快速推广，尽快占领市场并扩大公司规模，力争在3年左右的时间内将

公司发展为上市公司。但苦于公司经营资金不足。为迅速获得大量投资，贤弘公司作出以下募资计划：

第一种方式，利用网络销售平台，在某宝网上开设“会员卡在线直营店”，公开销售“凭证登记式会员卡”，以售卡附赠股权的方式转让贤弘公司的“原始股”。利用网络巨大的覆盖面，积少成多，将分散的资金聚为资本。

第二种方式，组建经纪人团队，进驻证券公司进行贤弘公司“原始股”销售。目前贤弘公司已经与甲证券公司杭州分公司某营业部达成初步协议，该证券营业部愿意提供其“客户服务中心”给贤弘公司承包经营，贤弘公司向该证券营业部缴纳承办费后，可以自己派驻团队自主对外营业，该证券营业部对贤弘公司的营业活动不干涉。此模式可以在其他省市复制推广，尽快建立几个驻证券营业部的经纪人团队，以贤弘公司即将在美国上市的发展计划为主要卖点，吸引投资人，销售贤弘公司“原始股”，快速募集资本。

贤弘公司向法律服务机构咨询上述募资计划是否符合法律规定，有无违法风险。

（二）实训要求

1. 学生分组讨论，分析本案中贤弘公司募资计划的合法性。

2. 学生根据案例讨论结果写作法律意见书。

要点指导

1. 要准确判断非法发行股票和非法经营证券业务。

2. 向不特定对象发行股票或向特定对象发行股票后股东累计超过200人的发行行为为公开发行，应经证监会核准后方可发行；向特定对象发行股票后股东累计不超过200人的，为非公开发行。非公开发行股票及其股权转让，不得采用广告、公告、广播、电话、传真、信函、推介会、说明会、网络、短信、公开劝诱等公开方式或变相公开方式向社会公众发行。

实训形式三——案例讨论、撰写案例分析报告

（一）实训素材

2010年3月9日，苏州恒实股份有限公司（以下简称苏州恒实）公开发行2000万股，并完成申购及摇号抽签的全部过程。但是，就在该公司上市前夕，媒体曝出其招股说明书和申报文件中披露的全部5项专利以及2项正在申请专利的法律状态与事实不符，苏州恒实涉嫌销量造假、虚增收入。证券监管部门要求苏州恒实的保荐机构对有关问题先行进行稽查。之后，监管部门开始调查，证监会发审委认为，苏州恒实招股说明书和申报文件中披露的全部5项专利及2项正在申请专利的法律状态与事实不符，且销量造假、虚增收入。6月13日，中国证监会决定撤销此前关于苏州恒实首次公开发行股票的行政许可，于是，苏州恒实上市资格被撤销。

（二）实训要求

1. 学生分组讨论，分析本案苏州恒实股票发行中哪些主体的哪些行为违法，证券监督管理机构撤销关于苏州恒实首次公开发行股票的行政许可有何法律依据。

2. 苏州恒实的股票发行许可被撤销，对于此次已经募集到的资本金该如何处理？

3. 学生根据案例讨论结果写作案例分析报告。

要点指导

1.《证券法》对证券发行人在发行证券之时以及发行证券之后证券上市交易期间均严格要求其信息披露必须真实、准确、完整。

2. 发行人发行失败，应当向认股人返还股款并加算银行同期存款利息。

3. 本案还应当分析保荐人的责任。

专项实训四　证券交易的禁止行为

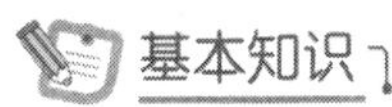

一、内幕交易行为的认定

内幕交易是指证券交易内幕信息的知情人和非法获取内幕信息的人利用内幕信息从事证券交易活动。

具备下列三个要件即可认定行为人的行为构成内幕交易：①行为人属于内幕信息的知情人或非法获取内幕信息的人；②行为人知悉的是内幕信息；③行为人在内幕信息自形成至公开的“内幕信息敏感期”实施了故意利用内幕信息进行证券交易的行为，包括买卖该公司的证券、泄露该信息、建议他人买卖该证券。

内幕信息的知情人是指能够凭借自己的身份、职位或工作便利而获知内幕信息的人，包括：①发行人的董事、监事、高级管理人员；②持有公司5%以上股份的股东及其董事、监事、高级管理人员，公司的实际控制人及其董事、监事、高级管理人员；③发行人控股的公司及其董事、监事、高级管理人员；④由于所任公司职务可以获取公司有关内幕信息的人员；⑤证券监督管理机构工作人员以及由于法定职责对证券的发行、交易进行管理的其他人员；⑥保荐人、承销的证券公司、证券交易所、证券登记结算机构、证券服务机构的有关人员；⑦国务院证券监督管理机构规定的其他人。非法获取内幕信息的人既包括采用盗窃、窃听、黑客、骗取、贿赂等违法手段积极获取内幕信息的人，也包括并未采取违法手段、只是因“证券交易内幕信息的知情人”的泄露行为而间接获悉内幕信息，但是本身又不具有获取内幕信息的合法资格、合法理由的人。

内幕信息是指证券交易活动中，涉及公司的经营、财务或者对该公司证券的市场价格有重大影响的尚未公开的信息。

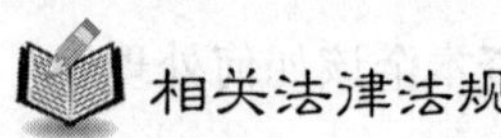

相关法律法规

《中华人民共和国证券法》

第七十三条 禁止证券交易内幕信息的知情人和非法获取内幕信息的人利用内幕信息从事证券交易活动。

第七十四条 证券交易内幕信息的知情人包括：

（一）发行人的董事、监事、高级管理人员；

（二）持有公司百分之五以上股份的股东及其董事、监事、高级管理人员，公司的实际控制人及其董事、监事、高级管理人员；

（三）发行人控股的公司及其董事、监事、高级管理人员；

（四）由于所任公司职务可以获取公司有关内幕信息的人员；

（五）证券监督管理机构工作人员以及由于法定职责对证券的发行、交易进行管理的其他人员；

（六）保荐人、承销的证券公司、证券交易所、证券登记结算机构、证券服务机构的有关人员；

（七）国务院证券监督管理机构规定的其他人。

第七十五条 证券交易活动中，涉及公司的经营、财务或者对该公司证券的市场价格有重大影响的尚未公开的信息，为内幕信息。下列信息皆属内幕信息：

（一）本法第六十七条第二款所列重大事件；

（二）公司分配股利或者增资的计划；

（三）公司股权结构的重大变化；

（四）公司债务担保的重大变更；

（五）公司营业用主要资产的抵押、出售或者报废一次超过该资产的百分之三十；

（六）公司的董事、监事、高级管理人员的行为可能依法承担重大损害赔偿责任；

（七）上市公司收购的有关方案；

（八）国务院证券监督管理机构认定的对证券交易价格有显著影响的其他重要信息。

第七十六条 证券交易内幕信息的知情人和非法获取内幕信息的人，在内幕信息公开前，不得买卖该公司的证券，或者泄露该信息，或者建议他人买卖该证券。

持有或者通过协议、其他安排与他人共同持有公司百分之五以上股份的自然人、法人、其他组织收购上市公司的股份，本法另有规定的，适用其规定。

内幕交易行为给投资者造成损失的，行为人应当依法承担赔偿责任。

《中华人民共和国刑法》

第一百八十条　证券、期货交易内幕信息的知情人员或者非法获取证券、期货交易内幕信息的人员，在涉及证券的发行，证券、期货交易或者其他对证券、期货交易价格有重大影响的信息尚未公开前，买入或者卖出该证券，或者从事与该内幕信息有关的期货交易，或者泄露该信息，或者明示、暗示他人从事上述交易活动，情节严重的，处五年以下有期徒刑或者拘役，并处或者单处违法所得一倍以上五倍以下罚金；情节特别严重的，处五年以上十年以下有期徒刑，并处违法所得一倍以上五倍以下罚金。

单位犯前款罪的，对单位判处罚金，并对其直接负责的主管人员和其他直接责任人员，处五年以下有期徒刑或者拘役。

内幕信息、知情人员的范围，依照法律、行政法规的规定确定。

证券交易所、期货交易所、证券公司、期货经纪公司、基金管理公司、商业银行、保险公司等金融机构的从业人员以及有关监管部门或者行业协会的工作人员，利用因职务便利获取的内幕信息以外的其他未公开的信息，违反规定，从事与该信息相关的证券、期货交易活动，或者明示、暗示他人从事相关交易活动，情节严重的，依照第一款的规定处罚。

二、虚假陈述行为认定

虚假陈述是指信息披露义务人违反证券法律规定，在证券发行或者交易过程中，对重大事件作出违背事实真相的虚假记载、误导性陈述，或者在披露信息时发生重大遗漏、不正当披露信息的行为。

认定虚假陈述行为时应当注意：虚假陈述的行为人是负有信息披露法定义务的主体；行为人主观上属于故意，是出于证券欺诈的目的；客观上行为人实施了虚假记载、误导性陈述、重大遗漏、不正当披露信息的行为。

依照《证券法》的规定，虚假陈述的行为人的范围是：①国家工作人员、传播媒介从业人员和有关人员；②证券交易所、证券公司、证券登记结算机构、证券服务机构及其从业人员，证券业协会、证券监督管理机构及其工作人员；③各种传播媒介。

虚假陈述的行为人应当依法承担行政法律责任、刑事责任；因其虚假陈述而造成投资者损失的，还应当向投资者承担民事赔偿责任。依照《证券法》的规定，发行人、上市公司公告的招股说明书、财务会计报告、年度报告、中期报告、临时报告等信息披露资料，有虚假记载、误导性陈述或者重大遗漏，致使投资者在证券交易中遭受损失的，发行人、上市公司应当承担赔偿责任；发行人、上市公司的董事、监事、高级管理人员和其他直接责任人员以及保荐人、承销的证券公司，应当与发行人、上市公司承担连带赔偿责任，但是能够证明自己没有过错的除外；发行人、上市公司的控股股东、实际控制人有过错的，应当与发行人、上市公司承担连带赔偿责任。

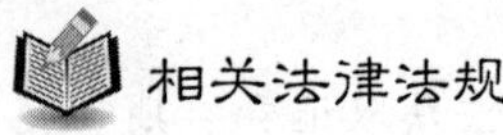

《中华人民共和国证券法》

第六十三条 发行人、上市公司依法披露的信息，必须真实、准确、完整，不得有虚假记载、误导性陈述或者重大遗漏。

第六十九条 发行人、上市公司公告的招股说明书、公司债券募集办法、财务会计报告、上市报告文件、年度报告、中期报告、临时报告以及其他信息披露资料，有虚假记载、误导性陈述或者重大遗漏，致使投资者在证券交易中遭受损失的，发行人、上市公司应当承担赔偿责任；发行人、上市公司的董事、监事、高级管理人员和其他直接责任人员以及保荐人、承销的证券公司，应当与发行人、上市公司承担连带赔偿责任，但是能够证明自己没有过错的除外；发行人、上市公司的控股股东、实际控制人有过错的，应当与发行人、上市公司承担连带赔偿责任。

第七十八条 禁止国家工作人员、传播媒介从业人员和有关人员编造、传播虚假信息，扰乱证券市场。

禁止证券交易所、证券公司、证券登记结算机构、证券服务机构及其从业人员，证券业协会、证券监督管理机构及其工作人员，在证券交易活动中作出虚假陈述或者信息误导。

各种传播媒介传播证券市场信息必须真实、客观，禁止误导。

第二百零六条 违反本法第七十八条第一款、第三款的规定，扰乱证券市场的，由证券监督管理机构责令改正，没收违法所得，并处以违法所得一倍以上五倍以下的罚款；没有违法所得或者违法所得不足三万元的，处以三万元以上二十万元以下的罚款。

三、操纵市场行为的认定

操纵市场是指行为人以影响证券交易价格为目的，采用违法手段买卖证券，人为地使证券价格偏离市场供求关系的行为。

认定操纵市场行为应当注意：操纵市场行为人主观上属于故意，客观上采用了操纵市场的违法手段进行证券交易。

操纵市场的手段包括：①单独或者通过合谋，集中资金优势、持股优势或者利用信息优势联合或者连续买卖，操纵证券交易价格或者证券交易量；②与他人串通，以事先约定的时间、价格和方式相互进行证券交易，影响证券交易价格或者证券交易量；③在自己实际控制的账户之间进行证券交易，影响证券交易价格或者证券交易量；④其他手段。

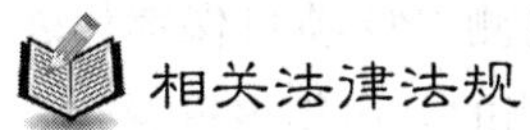

相关法律法规

《中华人民共和国证券法》

第七十七条　禁止任何人以下列手段操纵证券市场：

（一）单独或者通过合谋，集中资金优势、持股优势或者利用信息优势联合或者连续买卖，操纵证券交易价格或者证券交易量；

（二）与他人串通，以事先约定的时间、价格和方式相互进行证券交易，影响证券交易价格或者证券交易量；

（三）在自己实际控制的账户之间进行证券交易，影响证券交易价格或者证券交易量；

（四）以其他手段操纵证券市场。

操纵证券市场行为给投资者造成损失的，行为人应当依法承担赔偿责任。

第二百零三条　违反本法规定，操纵证券市场的，责令依法处理非法持有的证券，没收违法所得，并处以违法所得一倍以上五倍以下的罚款；没有违法所得或者违法所得不足三十万元的，处以三十万元以上三百万元以下的罚款。单位操纵证券市场的，还应当对直接负责的主管人员和其他直接责任人员给予警告，并处以十万元以上六十万元以下的罚款。

操作技能实训

实训目的

通过对具体案例的模拟法庭辩论，掌握股票交易中内幕交易、证券虚假陈述、传播误导性信息、操纵市场等违法、犯罪行为的认定标准，并能运用所学证券法、刑法知识写作公诉词和辩护词。

实训形式一——模拟法庭辩论、写作公诉词和辩护词

（一）实训素材

2012 年 7 月，某电测仪器股份有限公司（以下简称某电测）拟并购某一零一航空电子设备有限公司（以下简称某一零一）。2012 年 11 月 22 日，某电测与某航空工业（集团）有限公司（以下简称某集团）、某一零一在某电测 2 号会议室召开会议，与会各方对某电测通过定向增发方式并购某一零一 100% 股权形成一致意见。2013 年 3 月 4 日，某电测在创业板信息披露网站上发布重大资产重组停牌公告。当日，某电测股票停牌。2013 年 6 月 13 日，某电测股票复牌。当日及 14 日、17 日，该股票连续三个交易日涨停。6 月 18 日，该股票收盘时跌幅 2.41%。

杜某自 2006 年 6 月起任职于某证券股份有限公司（以下简称某证券公司），是某证券股份有限公司投资银行部总监。自2009年11月起担任某电测IPO项目保荐代表人，负责某电测的督导事宜。杜某称其2012年3、4月份从某电测的公司年报里看到公司要两条腿走路，意思就是公司在发展现有业务的同时要通过兼并、收购、重组的方式将公司做大做强，就知道某电测公司一定会有重组的确定性，只是不知道什么时候实施。2012年年底，杜某觉得某电测可能会有重组的机会，就想用朋友王某的账户买一些。杜某把借王某账户的事对王某说了，王某给其一部能上网的手机连同她的股票账户和密码，杜某在路边一个修手机的小摊上花了几十元钱买了一张移动电话卡装在手机上，在手机上下载并安装了招商证券的手机软件。2012年12月中旬至2013年2月2日，某电测董事长柯某就重大资产重组的相关问题咨询了作为保荐代表人的杜某，并通过杜某向某证券公司就聘请重大资产重组事项的财务顾问正式询价。杜某向主管领导李某汇报此业务，陪同李某与柯某见面洽谈，并在李某的指示下向柯某作出重大资产重组事项的财务顾问服务初步报价。在此过程中，杜某获悉某电测将进行重大资产重组。

2013年2月6日、18日，杜某认为某电测资产重组的可能性比较强，随时有可能停牌，就将自己中信银行卡上的50万元分两笔转入王某招商银行的股票关联账户，在北京市东城区朝内大街某中心等地，以手机委托的方式买入某电测股票。2月28日，王某对杜某说账上有20万元现金可以用，让其帮着买点股票，杜某又用20万元买了1万多股某电测股票。3次合共买入某电测股票46 300股，成交金额共计人民币686 590元。至2013年6月18日，上述股票账面盈利人民币286 173元。

以上事实，有书证，证人柯某、李某、王某等人的证言，电子数据，杜某本人的陈述与辩解等证据证明。

公诉机关向法院起诉杜某，追究其内幕交易犯罪的刑事责任。

（二）实训要求

1. 学生分成两组，分别担任公诉人和杜某的辩护人，写作公诉词和辩护词。

2. 学生进行模拟法庭辩论，就杜某的行为是否构成内幕交易、是违法行为还是犯罪行为展开辩论。

3. 学生根据模拟法庭辩论结果补充、整理公诉词和辩护词。

要点指导

1. 本案应当分析内幕信息是否形成、内幕信息敏感期的起止时间、杜某是否属于内幕信息知情人、杜某是否存在利用内幕信息进行证券交易的行为，以此判断杜某是否构成内幕交易。

2. 根据杜某行为的情节判断其行为是否构成犯罪。

实训形式二——模拟法庭辩论、制作代理词

（一）实训素材

2007 年 12 月 6 日，云南云绿生物科技股份有限公司（以下简称云绿生物公司）经中国证券监督管理委员会核准，发布首次公开发行股票《招股说明书》，并于 2007 年 12 月 21 日在深圳证券交易所首次发行股票并上市。股票名称为"云绿生物"。

2004 年至 2007 年 6 月，何某、蒋某等共同策划云绿生物公司发行股票并上市，安排人员登记注册了一批由云绿生物公司实际控制或者掌握银行账户的关联公司，利用相关银行账户操控资金流转，采用伪造合同、发票、工商登记资料等手段，少付多列，将款项支付给其控制公司，虚构交易业务、虚增资产、虚增收入。云绿生物公司《招股说明书》包含了上述虚假内容。2007 年至 2009 年，何某、蒋某等共同策划虚增公司资产和收入，并将上述虚增的资产和收入发布在云绿生物公司的半年报告及年度报告中。2013 年 4 月 3 日，法院终审判决认定云绿生物公司、何某、蒋某等人构成欺诈发行股票罪；何某、蒋某等人构成违规披露重要信息罪。2010 年 3 月 18 日，云绿生物公司发布 2010－010 号公告称，云绿生物公司因涉嫌信息披露违规被证监会立案调查。2010 年 7 月 10 日，云绿生物公司发布 2010－049 号公告称，云绿生物公司于 2010 年 7 月 9 日收到深圳证券交易所《关于对云绿生物公司及相关当事人给予处分的决定》，云绿生物公司及相关当事人就此事诚恳地向全体投资者致歉。2010 年 12 月 23 日，云绿生物公司发布 2010－078 号公告称，公司控股股东何某持有的云绿生物股票于 2010 年 12 月 20 日被公安机关依法冻结。2011 年 3 月 18 日，云绿生物公司发布 2011－014 号公告称，云绿生物公司控股股东何某因涉嫌欺诈发行股票罪，由云南省公安机关逮捕。

孙某荣在深圳证券交易所开立证券账户。其在 2010 年 11 月 12 日买入云绿生物股票 70 000 股，支付股款 2 899 739 元，之后未卖出。

2012 年 12 月 11 日，孙某荣以云绿生物公司虚假陈述行为于 2011 年 3 月 18 日被揭露、导致股价大跌而造成其损失为由，起诉至法院请求判令云绿生物公司赔偿其损失 528 760 元，何某、蒋某承担连带赔偿责任。

（二）实训要求

1. 学生分成四组，分别担任原告和三被告的代理人，草拟代理意见。

2. 学生进行模拟法庭辩论，就虚假陈述是否构成、虚假陈述是否造成原告损失、云绿生物公司应否赔偿原告损失、何某和蒋某应否承担连带赔偿责任等问题展开辩论。

3. 学生根据模拟法庭辩论结果制作代理词。

要点指导

1. 本案应当着重分析虚假陈述行为实施日和揭露日的具体日期。

2. 投资人在虚假陈述实施日及以后，至揭露日或者更正日之前买入该证券，并且，在虚假陈述揭露日或者更正日及以后，因卖出该证券发生亏损，或者因持续持有该证券而产生亏损，方能认定虚假陈述与损害结果之间存在因果关系。

实训形式三——案例讨论、制作行政处罚决定书

（一）实训素材

杭州石金网络科技有限公司注册运营点石网。

2015 年 5 月 13 日，上市公司青城科技股份有限公司（以下简称青城科技）发布临时停牌公告，因拟披露重大事项自 5 月 13 日下午开市起临时停牌。

2015 年 5 月 14 日 11 点 39 分，点石网根据网络传闻发布《青城科技昨日停牌　消息称或将收购金光科技及小牛网》的报道，报道称："据今日最新消息，有知情人士透露，青城科技停牌是要收购金光科技和小牛网……" 截至证券监督管理机构调查日，该报道被点击阅读 3642 次。青城科技 2015 年 5 月 13 日停牌前，并未与金光科技和小牛网接洽过收购事项。以上事实，有点石网所发《青城科技昨日停牌　消息称或将收购金光科技及小牛网》报道、点石网工作人员电脑信息、青城科技公告、相关人员询问笔录等证据证明。

证券监督管理机构认为，点石网对网络传闻未经核实予以传播，对市场投资者形成了误导。点石网的上述行为违反了《证券法》第 78 条第 3 款的规定，构成《证券法》第 206 条所述扰乱证券市场的违法行为。

杭州石金网络科技有限公司及其代理人在行政处罚听证会上提出如下申辩意见：①点石网所发报道的初始信息来源为某财经网站股吧，点石网不是信息编造者。②涉案报道主要旨在对收购效应及青城科技未来发展趋势进行预测分析。③涉案报道主要使用可能性、存疑性措辞，具有一般认知能力的网民对此可以分辨，不会造成误导。④涉案报道在青城科技股票停牌后发布，且相关各方都已澄清，不会影响青城科技股价或扰乱证券市场。⑤涉案报道未造成严重影响，根据行政处罚过罚相当原则，应适当减轻或免予处罚。

（二）实训要求

1. 学生对杭州石金网络科技有限公司的行为是否属于传播误导性信息的证券违法行为进行讨论。

2. 学生根据讨论结果制作行政处罚决定书。

要点指导

1. 本案应当分析当事人是否属于传播误导性信息的证券违法行为的主体类型。

2. 分析当事人主张其未编造虚假信息是否影响其行为的定性、其行为的情节以及影响是否严重。

实训形式四——案例讨论、写作案例分析报告

（一）实训素材

2010年6月1日，新煤能源股票在收盘前两分钟，股价由21元附近拉升至涨停，涨幅达13.7%，引起了广泛关注。

经调查发现，6月1日前，林某使用其亲属账户持有新煤能源143.86万股，账面亏损。为减少亏损，6月1日14时58分至收盘期间，林某利用资金优势，控制两位亲属的证券账户，采用对倒方式以涨停价大量申报买卖新煤能源股票。经调查，这两个账户对倒成交量为102.56万股，占当日市场成交量的32.46%，占收盘前15分钟市场成交量的69.49%，占收盘前2分钟市场成交量的78.13%，最终将新煤能源股价锁定在涨停价23.89元。6月2日，林某将两个亲属账户中的新煤能源股票全部卖出，合计亏损314.17万元。

（二）实训要求

1. 学生分组讨论，分析本案中林某买卖新煤能源股票的行为是否构成操纵市场违法行为，分析林某没有因此交易行为获利，是否影响对操纵股价行为的认定。

2. 学生根据案例讨论结果写作案例分析报告。

要点指导

操纵市场（股价），是指少数人以获取利益或者减少损失为目的，利用其资金、信息等优势，影响证券市场价格，制造证券市场假象，诱导或者致使普通投资者在不了解事实真相的情况下作出证券投资决定，扰乱证券市场秩序。

单元四

保险法实训

专项实训一　保险法基本原则的适用

基本知识

保险利益，又称可保利益，是指投保人或被保险人对保险标的具有法律上承认的利益，包括财产利益和人身利益。按照保险利益原则，任何人不得以自己无合法利益的保险客体设定保险，此即“无保险利益即无保险”。各国保险法规定，保险利益是保险合同的效力要件，投保人或者被保险人对保险标的不具有保险利益的，保险合同无效。我国保险法也一直将保险利益作为保险合同的生效要件。

保险利益原则的意义与作用，首先在于防止赌博行为。如果不要求投保人或被保险人对所投保的保险标的具有保险利益，就会产生一些无关的人以他人的财产或者人身投保，而在保险事故发生后获得赔偿，这种结果将使保险与赌博无异。其次，是防范道德风险。有保险利益的人，通常都不希望保险事故发生。保险的目的，不在于让没有损失的人获利，更不是为了鼓励人们利用与己无关的偶然事件侥幸发财。没有保险利益，拿别人的生命或者财产投保的人，就有可能为获取保险赔偿金而毁损他人财产、恶意伤害他人身体甚至危及他人生命。故此，确立保险利益原则，是为了防止道德风险，维护社会公共秩序和善良风俗。

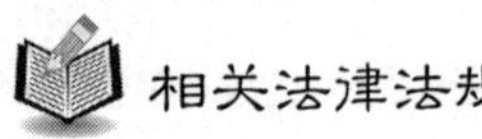

《中华人民共和国保险法》

第二条　本法所称保险，是指投保人根据合同约定，向保险人支付保险费，保险人对于合同约定的可能发生的事故因其发生所造成的财产损失承担赔偿保险金责任，或者当被保险人死亡、伤残、疾病或者达到合同约定的年龄、期限等条件时承担给付保险金责任的商业保险行为。

第四条　从事保险活动必须遵守法律、行政法规，尊重社会公德，不得损害社会公共利益。

第五条　保险活动当事人行使权利、履行义务应当遵循诚实信用原则。

第十二条　人身保险的投保人在保险合同订立时，对被保险人应当具有保险利益。

财产保险的被保险人在保险事故发生时，对保险标的应当具有保险利益。

人身保险是以人的寿命和身体为保险标的的保险。

财产保险是以财产及其有关利益为保险标的的保险。

被保险人是指其财产或者人身受保险合同保障，享有保险金请求权的人。投保人可以为被保险人。

保险利益是指投保人或者被保险人对保险标的具有的法律上承认的利益。

操作技能实训

实训目的

通过实际案例操作训练，进一步明确和掌握保险法规定的原则，并能在实际工作中熟练运用所学知识处理相关实务。

实训形式一——课堂讨论、举办辩论会

（一）实训素材[1]

1997年11月14日，北京科利华教育软件技术有限责任公司（以下简称科利华公司）与中国太平洋保险公司北京分公司丰台支公司（以下简称太保丰台支公司）签订保险协议。约定保险人为中国太平洋保险公司北京分公司（以下简称太保北京公司），被保险人及投保人为科利华公司；保险期限为1年，即自1997年11月15日12时起至1998年11月15日12时止；保险标的为科利华公司在保险协议期限内生产并在1998年11月15日前销售给产品使用人的科利华公司“CSC电脑家庭教师”（高中3.0版）；保险责任为在保险协议有效期内，依照科利华公司《“CSC电脑家庭教师”（高中3.0版）“高考升学补充保险”政策实施条例》中应由科利华公司承担的赔偿费用，科利华公司根据本保险协议的规定向太保北京公司提出索赔申请，太保北京公司在赔偿限额内赔偿；保险金额为14万元，每套赔偿限额为2000元；年保险费为28万元整；在协议签订时一次缴清保险费14万元，并于1998年1月15日以前缴清二期保险费14万元；双方还约定有其他权利义务。1997年11月15日科利华公司与太保丰台支公司针对理赔问题进行补充约定。同日，科利华公司支付保险费8万元。

1997年11月18日，太保丰台支公司与科利华公司在《光明日报》刊登广告《告全体高中生》，全文介绍《“CSC电脑家庭教师”（高中3.0版）“高考升学补充保险”

---

〔1〕　参见詹昊：《新保险法实务热点详释与案例精解》，法律出版社2010年版，第4～5页。

政策实施条例》。随后，科利华公司在某博览馆为该产品办展销会数天。

太保丰台支公司于1997年12月7日向科利华公司发出《关于终止“CSC电脑家庭教师”（高中3.0版）高考升学补偿保险》的函，并在报纸上声明，太保丰台支公司与科利华公司所签保险协议违反旧《保险法》第106条的规定，属无效合同。在该声明登出后，“CSC电脑家庭教师”教育软件销售量大大减少。

1997年12月10日，中国人民银行北京分行向总行报告，对太保丰台支公司擅自开办“高考升学补偿保险”的行为，处以10万元罚款，令其立即停办该险种并停止一切广告宣传。

科利华公司遂将双方的争议诉至法院。

（二）实训要求

1. 学生分组讨论案件材料，分析“高考结果”能否作为保险标的；是否违背社会公共利益原则；保险公司能否单方登报声明保险合同无效。

2. 学生分两组举办辩论会，正方代表科利华公司主张：高考结果可以作为保险标的，双方保险合同依法有效；反方代表保险公司主张：高考结果不可以作为保险标的，保险合同违反社会公共利益，因而无效。

3. 辩论双方学生提出本案处理意见，老师进行点评。

要点指导

1. “能否考上大学”尚不属于《保险法》规定的险种，科利华公司对投保标的不具有法律上认可的保险利益，保险协议无效。

2. 将“能否考上大学”作为保险标的不利于我国高考教育制度的发展，不利于维护大多数考生的利益，不符合社会公共利益原则。

3. 法律并未赋予保险公司单方宣告合同无效的权利，保险公司不可以单方宣告保险协议无效。

4.《保险法》明文规定，对于新险种的设立，应将该险种的条款及费率报保险监督管理机构备案。太保丰台支公司未依法律规定与科利华公司签订保险协议，对无效合同应承担不可推卸的缔约过失责任。太保北京公司发现该合同违法，理应督促太保丰台支公司与科利华平等协商，纠正合同瑕疵或解除合同，其却采取单方登报的方式声明合同无效，对科利华公司显然有失公平。

实训形式二——举办案例讨论会、模拟当事人各方、进行辩论

（一）实训素材[1]

某仓储公司向某保险公司投保财产保险综合险，保险明细表约定的保险标的为建

〔1〕参见最高人民法院民事审判第二庭编著：《最高人民法院关于保险法司法解释（二）理解与适用》，人民法院出版社2015年版，第51页。

筑物。保险条款载明：无法鉴定价值的财产和违章建筑不能作为保险标的；由于雷击、暴雨、洪水、台风、暴风、龙卷风、雪灾、冰凌、泥石流、崖崩、突发性滑坡、地面下陷下沉造成保险标的损失，保险公司负责赔偿。保险合同订立后，该仓库因雪灾而倒塌。另查明：投保仓库建筑时未履行规划许可、用地许可等手续。现仓储公司向保险公司申请理赔，保险公司以该仓库属违章建筑为由拒赔。

（二）实训要求

1. 学生举办案例讨论会，围绕《保险法》第12条将保险利益界定为“投保人或者被保险人对保险标的具有的法律上承认的利益”的主题，进行讨论。

2. 学生分析本案保险标的是否属违章建筑，保险标的是否属于不可投保利益；保险公司是否应当承当保险责任。

3. 组织同学模拟代表当事人各方，对各自的主张依法进行辩论，再组织同学代表法院讨论，应当如何认定各方主张，并对案件作出处理意见。

要点指导

1. 本案所涉建筑物并没有被行政职能部门依法认定为违章建筑。

2.《保险法》对保险利益界定为“对保险标的具有的法律上承认的利益”。“法律上承认的利益”不能解释为“合法权利”，而应理解为“合法的经济利益”，以最大限度地发挥保险制度避免、分散风险的功能。对于违章建筑，不可否认其可保性。

3. 本案保险合同虽约定违章建筑不属于投保范围，但保险公司在承保前已对建筑物进行现场勘验，却未审查建筑物是否属违章建筑而就进行了承保，表明其已放弃依据保险合同享有的权利，故其不得依据保险合同的约定拒赔。

专项实训二　保险合同的订立、生效、履行

基本知识

一、保险合同的订立与生效

（一）保险合同的订立

保险合同的订立，是指投保人与保险人双方协商一致，达成保险协议的过程。保险合同订立的过程分为要约与承诺两个阶段，即投保与承保。

投保，就是投保人向保险人提出保险要求，是为要约。在实践中，投保通常表现为投保人填写保险人事先印制好的投保单，并将填写完毕的投保单送交保险人。

承保，就是保险人接受投保人的投保申请，向投保人作出的愿意承保的意思表示，是一种承诺。

（二）保险合同的书面凭证

保险合同的书面凭证主要表现为投保单与保险单。

投保单，又称投保书，是投保人向保险人发出的表示愿意与保险人订立保险合同的书面凭证。投保单经保险人签章承诺后，保险合同即告成立，投保单也就成为保险合同的组成部分。

保险单，简称保单，是在保险合同成立后，保险人向投保人签发的证明保险合同关系的书面凭证。保险单载明了当事人之间的权利义务关系。

（三）保险合同的生效

《保险法》规定，投保人提出保险要求，经保险人同意承保，保险合同成立。依法成立的保险合同，自成立时生效。投保人是否交付保险费不影响保险合同的成立与生效。因为交付保险费是投保人履行保险合同的义务。

二、保险合同的解除

（一）保险合同解除的概念

所谓保险合同的解除，是指在保险合同生效后，有效期限届满之前，经过双方当事人的协商，或者由一方当事人根据法律规定或合同的约定行使解除权，从而提前结束合同效力的法律行为。

（二）保险合同解除的种类

保险合同依法成立后即具有法律约束力，当事人不得随意解除合同。当事人解除合同应当依照法律的规定或当事人的约定。基于法定事由解除保险合同的，为法定解除；基于约定原因而解除保险合同的，为约定解除。

（三）保险合同解除的条件

任何有效合同均可依法解除，但必须具备一定的解除条件。在约定解除中，解除条件是当事人在合同中的共同约定，即当约定的解除条件成就时，当事人即可行使解除权。在当事人未约定合同的解除条件或约定不明时，合同的解除通常适用法定解除条件，即由法律直接规定的合同解除的行使条件。

1. 投保人法定解除权的行使条件。根据我国《保险法》规定，除《保险法》另有规定或者保险合同另有约定外，保险合同成立后，投保人可以解除保险合同。但必须以法律或者合同无另外规定者为限制，如对于货物运输保险合同和运输工具航程保险合同，在保险责任开始后，合同当事人均不得解除合同。

2. 保险人法定解除权的行使条件。保险合同成立后，原则上保险人不得解除合同，但是，法律另有规定或者合同另有约定者除外。如《保险法》规定，在投保人违反如实告知义务，被保险人违反危险增加通知义务，被保险人或受益人谎报发生保险事故骗取保险金给付，投保人、被保险人或者受益人故意制造保险事故，人身保险合同的投保人申报的被保险人年龄不真实以及合同效力中止后逾期未复效等情形下，保险人可以依法解除保险合同。

3. 保险合同解除的法律后果。我国《保险法》关于保险合同解除的法律后果，规定了如下两种情况：

一般情况下，保险合同的解除不产生溯及既往的效力，即保险人对于合同解除之前发生的保险事故承担保险责任，仅退还合同解除日之日起至保险期限结束的保险费。

特殊情况下，保险合同的解除产生溯及既往的后果，具体表现为保险人对于合同解除前发生的保险事故不承担赔偿责任。对保险标的的危险程度显著增加时被保险人未履行通知义务致保险人解除保险合同的，保险人对于合同解除前发生的保险事故不承担赔偿责任。

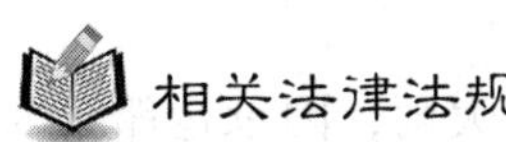
相关法律法规

《中华人民共和国保险法》

第十三条 投保人提出保险要求，经保险人同意承保，保险合同成立。保险人应当及时向投保人签发保险单或者其他保险凭证。

保险单或者其他保险凭证应当载明当事人双方约定的合同内容。当事人也可以约定采用其他书面形式载明合同内容。

依法成立的保险合同，自成立时生效。投保人和保险人可以对合同的效力约定附条件或者附期限。

第十五条 除本法另有规定或者保险合同另有约定外，保险合同成立后，投保人可以解除合同，保险人不得解除合同。

第四十七条 投保人解除合同的，保险人应当自收到解除合同通知之日起三十日内，按照合同约定退还保险单的现金价值。

第五十条 货物运输保险合同和运输工具航程保险合同，保险责任开始后，合同当事人不得解除合同。

第五十四条 保险责任开始前，投保人要求解除合同的，应当按照合同约定向保险人支付手续费，保险人应当退还保险费。保险责任开始后，投保人要求解除合同的，保险人应当将已收取的保险费，按照合同约定扣除自保险责任开始之日起至合同解除之日止应收的部分后，退还投保人。

操作技能实训

实训目的

通过实际案例操作训练，进一步熟悉、理解和掌握保险合同的成立、效力、履行等相关法律要求，并能在实际工作中熟练运用所学知识处理保险法律实务。

实训形式——举行模拟法庭，制作起诉状、答辩状、判决书

（一）实训素材[1]

某集团公司（以下简称原告）以每吨2015元人民币的价格购进2479.895吨豆粕，需从大连港经水路运往广州黄埔港。1992年8月27日，原告将货物运进大连港。因某保险公司下属支公司（以下简称被告）与大连港有长期代办保险业务合同关系，大连港收到原告货物后，即于28日在《水路货物承运登记单》上加盖了被告的保险印章，并通知原告交纳保险费。原告按每吨1500元人民币的保险费对2479.895吨豆粕（共计39 606件）向被告投保了综合险，保险总额3 719 850元，并支付了保险费人民币13 019元，保险合同条款依照中国人民保险公司《国内水路、铁路货物运输保险条款》（摘要）的规定拟定。

该批货物于1992年8月28日开始装船。8月30日凌晨天降大雨，因承运船第8舱液压管爆裂，致使舱盖不能关闭，造成原告已装船货物被雨淋湿。原告要求承运人卸下381件，并告知被告货被雨淋，要求被告上船对剩余货物是否需要卸下船进行检验确认。被告经查验，没有提出卸货意见。当日，承运人按《运规》的规定向原告出具了“8仓货物被雨淋湿，已卸下381件，余货水湿不详”的货运记录。1992年8月31日，该批货物装船完毕后即运往广州黄埔港。9月3日，被告向原告出具了《国内水路、陆路货物运输保险单》。

船抵广州黄埔港，因泊位紧张，一直在锚地等泊，同年9月30日才靠泊卸货。根据黄埔港理货公司理货证明和黄埔港货运记录记载，所卸下的货物中6932件有水湿现象，其中有370吨豆粕发生霉变。原告即通知被告赴广州黄埔港查验货损情况。被告派员赴黄埔港查验后，要求原告尽快采取各种补救措施，迅速处理受损货物，避免损失扩大。原告即将受损严重的370吨豆粕以每吨600元人民币的价格卖出。按投保额扣除残值后，原告损失33万元人民币。事后，原告按保险合同约定向被告索赔，被告以货损事故系承运人造成的为由拒赔。

1993年6月8日，原告向大连海事法院提起诉讼，诉称：自原告货物进大连港投保货物运输时，保险合同即告成立。原、被告间的保险合同合法有效，损失的后果是客观真实的，发生了保险范围内的货损事故，被告理应负赔偿责任。要求被告赔偿130

---

〔1〕 参见奚晓明主编、最高人民法院司法解释起草小组编著：《〈中华人民共和国保险法〉保险合同章条文理解与适用》，中国法制出版社2010年版，第69~70页。

万元人民币的经济损失。

被告辩称：货损是由承运人的责任造成的，按有关规定，在限额内的应由承运人按照实际损失赔偿，超过限额部分由保险公司在保险金额范围内给付补偿。根据本案实际情况，被告向原告出具的《保险单》是在1992年9月3日，货损发生在出单之前，发生货损时，保险合同还没成立。因此，原告要求被告按保险合同赔偿损失的理由是不成立的。

（二）实训要求

1. 学生分组讨论，根据案件材料，分析保险合同成立的条件和成立的时间。

2. 学生举办模拟法庭，分别作为原告、被告和合议庭等人员，熟悉庭审程序，对各自的主张依法进行辩论，主张应观点鲜明、说理充分，于法有据。

3. 作为原告制作起诉状、证据清单及相关证据材料；代理人准备代理材料。

4. 作为被告制作答辩状、证据清单及相关证据材料；代理人准备代理材料。

5. 作为合议庭成员制作判决书及相关法庭材料。

要点指导

1. 原被告间的保险合同依法成立，合法有效。原告货物于1992年8月27日入港，自28日被告代办人在《货物承运登记单》上加盖保险印单、原告按被告代办人要求办理货物保险时起，保险合同即告成立。

2. 保险合同属于不要式合同和诺成性合同，保险合同在保险人同意承保时成立。保险人的承诺形式可以多样。

3. 9月3日被告出具的保单，是在保险合同成立的基础上被告应当向原告出具的保险单证，不是保险合同成立的时间证明。被告以保险合同于出具保险单时才成立为由，主张货损未发生在保险合同有效期间内的观点不能成立。货物损害是在保险合同期间内发生的，且属被告的责任范围，被告应当按照合同约定对原告的货损予以赔偿。

实训形式二——模拟辩论会

（一）实训素材[1]

刘某与宿某原系夫妻关系。2002年2月5日，刘某与宿某一次性向某保险公司投保了两笔两全（分红型）保险，投保人为宿某，被保险人和受益人均为刘某，保险期5年，2007年2月6日期满。2004年5月8日宿某与刘某达成离婚协议，约定：摩托车一辆归宿某所有，其他家庭财产全部归刘某所有。2005年4月30日刘某意外身亡。刘某之父向保险公司主张权利，要求以唯一继承人身份继承刘某的保险金125 827.20

---

〔1〕 参见奚晓明主编、最高人民法院司法解释起草小组编著：《〈中华人民共和国保险法〉保险合同章条文理解与适用》，中国法制出版社2010年版，第80页。

元。保险公司以投保人宿某已于2005年6月10日办理退保为由拒付保险金。

（二）实训要求

1. 学生举办辩论会，主题：《保险法》第15条规定的投保人的法定合同解除权是否应当受到限制，该规定是强制性规定还是任意性规定；宿某退保行为是否有效；保险公司能否拒赔。

2. 正方代表刘某父亲主张：投保人的合同解除权应受到限制；反方代表保险公司主张：投保人的合同解除权不应受到限制。

3. 老师对正反方代表的意见进行点评。

要点指导

1.《保险法》第15条应当理解为半强制性法律规范，原则上不允许当事人作出不同约定，但有利于投保人利益的除外。因为本条规定的是投保人的任意解除权，对保险人解除权限制，目的就是矫正投保人与保险人之间事实上存在的不平等关系，以保护投保人利益。

2. 宿某退保时间系保险事故发生之后，且宿某与刘某离婚时明确约定除一辆摩托车以外其余财产全部归刘某所有。宿某在离婚后明知被保险人死亡，事先未经受益人同意而恶意退保的行为损害了被保险人的合法权益，系无效民事行为。

3. 保险公司依法应当向刘某之父赔付保险金。

专项实训三　人身保险合同的履行

人身保险合同的履行需注意如下几点：

1. 投保人应当履行如实告知义务。订立保险合同时，投保人对于保险人就被保险人的有关情况提出询问，应当如实告知。诚如前述，投保人违反如实告知义务，会导致保险合同无效。

在保险实务中应当注意：

（1）对于不属于投保人知道或应当知道的情况，保险人以投保人未履行如实告知义务为由主张解除合同或免除责任的，人民法院不予支持。

（2）人身保险合同投保人以保险人指定有关机构对其进行体检为由，主张免除其如实告知义务的，人民法院不予支持。

（3）《保险法》第16条第2款规定的投保人违反如实告知义务而未告知保险人的

事实，应当是足以影响保险人决定是否同意承保或者提高保险费率的重要事实，保险人对此应负举证责任。

(4)《保险法》第16条第5款规定，投保人因重大过失未履行如实告知义务，未履行告知义务的有关事项与保险事故没有直接因果关系，保险人以投保人未尽如实告知义务为由拒绝承担保险责任的，人民法院不予支持。

(5) 保险合同订立或效力恢复时，投保人、被保险人的如实告知义务应以保险人书面（包括投保单、风险调查问卷或其他书面形式）询问为限。

2. 投保人应当按期交付保险费。在人身保险合同中，保险费大多是以分期支付的方式支付。首期保险费应当在合同成立时支付，以后各期保险费应当按合同约定的时间及时缴纳。

但是，保险人对人寿保险的保险费不得以诉讼方式强制投保人交付。

3. 被保险人或受益人应当依法索赔。保险事故发生后，被保险人或者受益人应当在保险时效期间及时向保险人请求给付保险金。索赔时索赔权人应当对保险事故的发生负举证责任。

4. 保险人应当依法理赔。保险人收到被保险人或受益人的索赔请求后，应当及时对索赔人提交的单证进行审核，履行给付保险金的义务。

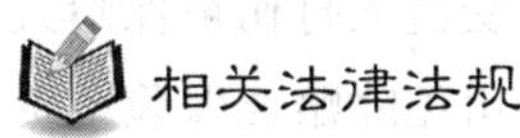
相关法律法规

《中华人民共和国保险法》

第十六条 订立保险合同，保险人就保险标的或者被保险人的有关情况提出询问的，投保人应当如实告知。

投保人故意或者因重大过失未履行前款规定的如实告知义务，足以影响保险人决定是否同意承保或者提高保险费率的，保险人有权解除合同。

前款规定的合同解除权，自保险人知道有解除事由之日起，超过三十日不行使而消灭。自合同成立之日起超过二年的，保险人不得解除合同；发生保险事故的，保险人应当承担赔偿或者给付保险金的责任。

投保人故意不履行如实告知义务的，保险人对于合同解除前发生的保险事故，不承担赔偿或者给付保险金的责任，并不退还保险费。

投保人因重大过失未履行如实告知义务，对保险事故的发生有严重影响的，保险人对于合同解除前发生的保险事故，不承担赔偿或者给付保险金的责任，但应当退还保险费。

保险人在合同订立时已经知道投保人未如实告知的情况的，保险人不得解除合同；发生保险事故的，保险人应当承担赔偿或者给付保险金的责任。

保险事故是指保险合同约定的保险责任范围内的事故。

第四十三条第二款 受益人故意造成被保险人死亡、伤残、疾病的，或者故意杀害被保险人未遂的，该受益人丧失受益权。

操作技能实训

实训目的

通过实际案例操作训练，进一步理解和掌握人身保险合同的法律要求，并能在实际工作中熟练运用所学知识处理人身保险相关实务。

实训形式——案件讨论、形成案件分析报告

（一）实训素材[1]

投保人甲以自己为被保险人向保险公司投保，与保险公司订立了人身保险合同，指定其丈夫乙为受益人。保险合同约定，被保险人在保险期间因意外伤害事件造成死亡或者伤残，保险公司按照约定向受益人给付保险金。

保险合同成立之后，甲与乙发生矛盾，乙殴打甲致使甲伤残，二人随即离婚。

甲向保险公司索赔，保险公司能否拒赔？

（二）实训要求

1. 组织学生开展案例讨论会；根据案件材料，学生分析本案受益人打伤被保险人致残，是否属于保险事故；受益人丧失受益权是否意味着保险公司免除赔偿保险金责任；被保险人有无索赔保险金的权利。

2. 学生提出各自主张，支持甲索赔请求主张的，陈述理由和法律依据；支持保险公司拒赔的，陈述理由和法律依据。

3. 各方陈述各自观点时，紧扣保险相关的法律规定，充分论证说理，最后形成书面分析材料。

4. 老师就各方学生意见进行点评，分析后给出结论。

要点指导

1. 被保险人甲在保险期间因遭受益人殴打而受到的伤害属于保险事故。

2. 本案保险事故是受益人乙故意制造的，故乙依法丧失受益权。但受益人丧失受益权并不等同于保险人因此就当然免除赔偿保险金的责任。

3. 在保险合同没有指定其他受益人的情况下，保险公司应当向被保险人履行给付保险金的义务。

---

〔1〕 参见奚晓明主编、最高人民法院保险法司法解释起草小组编著：《〈中华人民共和国保险法〉保险合同章条文理解与适用》，中国法制出版社2010年版，第292页。

实训形式二——案件辩论、举办模拟法庭

（一）实训素材[1]

被告中国人寿保险股份有限公司佛山市顺德支公司（以下简称为顺德支公司）系被告中国人寿保险股份有限公司佛山分公司（以下简称为佛山分公司）的下属分支机构。2004 年 3 月 8 日，原告何某某与黄某某（系原告之夫）一起到顺德支公司下属的伦教办事处，投保“祥和定期保险”20 万元（投保单号为 1001440200964435）、“人身意外伤害综合保险”31 万元（投保单号为 1001440200731249）。以上两份保险的投保人、被保险人均为黄某某，受益人均为何某某。黄某某在保险投保单中填写的工作单位是“伦教建筑水电安装队”，职业是“负责人”，职业代码是“070121”，平均年收入为“5 万元”。对于保险投保单第三项告知事项中的第十一款内容，即“①目前是否有已参加或正在申请中的其他人身保险？如有，请告知承保公司、保险险种名称、保险金额、保险单生效时间；②过去两年内是否曾被佛山分公司解除合同或申请人身保险而被延期、拒保或附加条件承保；③过去有无向佛山分公司索赔”，黄某某在 1001440200964435 号保险投保单中均填写“否”，而在 1001440200731249 号保险投保单中未填写任何内容。

2004 年 3 月 15 日，被告佛山分公司向黄某某签发了合同编号为 2004 - 41406 - D31 - 58001682 - 5 的“人身意外伤害综合保险合同”，保险金额为 31 万元（其中包括人身意外伤害险 30 万元、意外医疗险 1 万元），保险费 390 元，合同生效日期为 2004 年 3 月 16 日。当日黄某某即向佛山分公司交纳了保险费 390 元。2004 年 3 月 24 日，佛山分公司又向黄某某签发了合同编号为 2004 - 441406 - S51 - 0007131 - 0 的“祥和定期保险合同”，保险金额为 20 万元，保险费 594 元，合同生效日期为 2004 年 3 月 25 日。当日黄某某向佛山分公司交纳了保险费 594 元。

2004 年 7 月 7 日，黄某某意外死亡。中山大学法医鉴定中心司法鉴定书认定：黄某某符合交通事故致心肺破裂、失血性休克死亡。同年 8 月 27 日，原告何某某向被告佛山分公司提出理赔申请，并提交了相关书面材料，但佛山分公司以投保人黄某某故意违反如实告知义务、保险人有权解除合同等为由，未予赔付。同年 8 月 31 日，佛山分公司及被告顺德支公司向佛山市公安局顺德分局报案，反映何某某涉嫌保险诈骗罪。同年 11 月 15 日，佛山市公安局顺德分局作出不予立案通知书。

此外，黄某某于 2004 年 2 月 29 日、3 月 2 日向中国太平洋人寿保险股份有限公司顺德支公司购买了 3 份“安康如意卡保险”，保险金额为 288 000 元；于 2004 年 3 月 1 日向中国平安人寿保险股份有限公司购买了 5 份“如意卡保险”，保险金额为 15 万元；于 2004 年 3 月 4 日向天安保险股份有限公司顺德分公司购买了“愉快人身意外伤害保

---

〔1〕 参见杜万华主编、最高人民法院民事审判第二庭编著：《最高人民法院关于保险法司法解释（三）理解与适用》，人民法院出版社 2015 年版，第 135 ~ 141 页。

险”1 份，保险金额为 100 万元；于 2004 年 3 月 5 日、3 月 9 日向新华人寿保险股份有限公司广州分公司购买了“多保通吉祥卡”3 份，保险金额为 30 万元。上述保险金额共计 1 738 000 元。

黄某某于 2003 年 9 月 16 日进入康泰人寿保险股份有限公司，从事兼职个人寿险业务代理工作，2004 年 1 月 2 日离职。原告何某某于 2003 年 9 月 4 日进入康泰人寿保险股份有限公司，从事兼职个人寿险业务代理工作，2004 年 2 月 2 日离职。

原告何某某的诉讼请求：判令二被告向原告支付保险赔偿金 50 万元及利息。被告顺德支公司、佛山分公司答辩称：拒绝理赔具有充分的理由：①投保人黄某某违反了如实告知义务。黄某某为申请投保被告方的“祥和定期保险”及“人身意外综合险”，提交了两份《个人保险投保单》，并在投保单中明确其当时没有参加或正在申请其他人身保险。但事实上，黄某某在此前后数日中有多次投保记录，累计保险金额为 1 738 000 元。此外，黄某某在投保时还谎称自己是企业负责人。黄某某在涉案两份《个人保险投保单》中均注明其工作单位是“伦教建筑水电安装队”，职务是“负责人”，职业代码为“070121”，职业类别为“一级”。在《高额财务问卷》中注明其工作单位是“顺基水电装修”，职务为“全面管理”，但“伦教建筑水电安装队”“顺基水电装修”并无工商注册登记。因此，可以认定黄某某当时并无工作单位，属于自由职业，职业代码应为“210302”。②黄某某违反如实告知义务具有主观上的故意。黄某某及涉案保险受益人、本案原告何某某曾是康泰人寿佛山分公司业务员，受过相关保险知识的专业培训，应当知道《保险法》关于投保人如实告知义务的规定，且他们在投保涉案保险前一周内先后向 4 家佛山分公司投保人身意外险，支付保费数千元，不可能不知道自己已经参加或正在申请其他的人身保险。故可以推断黄某某系故意不履行如实告知义务。③黄某某故意不履行如实告知义务的行为，严重影响保险人的核保工作及对于保险费的确定，并最终导致保险人作出不真实的意思表示。保险人有权解除保险合同，并不承担保险金给付责任。

（二）实训要求

1. 学生分别熟悉案件材料，分析讨论黄某某在投保涉案保险时是否故意违反了如实告知义务；被告佛山分公司、顺德支公司应否承担责任。

2. 学生举办模拟法庭，分别作为原告、被告和合议庭等人员，对各自的主张依法进行辩论。

3. 原告制作民事起诉状及证据清单；代理人准备代理事宜。

4. 被告制作民事答辩状及证据清单；代理人准备代理事宜。

5. 合议庭成员制作判决文书，及相关材料。

要点指导

1. 基于保险合同的特殊性，合同的当事人应当最大限度地诚实守信。投保人依法履行如实告知义务，即最大限度诚实守信的一项重要内容。否则，保险人有权解除保险合同，并对于保险合同解除前发生的保险事故不承担赔偿或者给付保险金的责任。

2. 如果保险人在明知投保人未履行如实告知义务的情况下，不是进一步要求投保人如实告知，而是仍与之订立保险合同，则应视为其主动放弃了抗辩权利，构成有法律约束的弃权行为，故无权再以投保人违反如实告知义务为由解除保险合同，而应严格依照保险合同的约定承担保险责任。

专项实训四 财产保险合同的赔偿责任及保险金额与保险价值的关系

一、财产保险合同

财产保险合同是以财产及其相关利益为保险标的的保险合同。财产保险合同具有以下法律特征：

1. 财产保险合同的保险标的是财产及其有关利益。财产或者财产利益的价值是可以确定的，发生保险事故时，保险标的的损失也是可以确定的，故此，财产保险合同适用损失填补原则；财产或者财产利益是可以转让的，财产保险合同的保险标的可以随其所有权的转移而转移。

2. 财产保险合同是典型的补偿性合同。财产保险合同适用损害填补原则，无损失即无保险。

3. 财产保险合同是限定最高赔偿责任的合同。保险金额是保险人承担赔偿或者给付保险金责任的最高限额。保险金额不得超过保险价值。超过保险价值的，超过部分无效。保险金额低于保险价值的，除合同另有约定外，保险人按照保险金额与保险价值的比例承担赔偿保险金的责任。

4. 财产保险合同中保险人享有代位权。代位权包括物上代位权与代位求偿权两种。

物上代位权。保险事故发生后，保险人已支付了全部保险金额，并且保险金额等于保险价值的，受损保险标的的全部权利归于保险人；保险金额低于保险价值的，保险人按照保险金额与保险价值的比例取得受损保险标的的部分权利。

代位求偿权。《保险法》第60条第1、2款规定："因第三者对保险标的的损害而造成保险事故的，保险人自向被保险人赔偿保险金之日起，在赔偿金额范围内代位行使被保险人对第三者请求赔偿的权利。前款规定的保险事故发生后，被保险人已经从第三者取得损害赔偿的，保险人赔偿保险金时，可以相应扣减被保险人从第三者已取得的赔偿金额。"

“但是，应当注意，除被保险人的家庭成员或者其组成人员故意造成保险事故外，保险人不得对被保险人的家庭成员或者其组成人员行使代为请求赔偿的权利。”

二、投保人的如实告知义务

财产保险与其他保险一样，投保人必须遵守最大诚实信用原则。投保人因故意或重大过失不履行告知义务的，保险人有权解除保险合同或不负赔偿责任。在实践中投保人在申请办理财产保险时，应尽的如实告知义务主要体现为以下几个方面：

1. 投保人接受询问的内容不限于保险人在投保单中设置的询问内容，但保险人须对存在投保单中设置的询问内容以外的询问事项负举证责任。

2. 投保人应当如实告知的事实应为保险标的的重要事实，主要指足以影响保险人决定是否同意承保或者提高保险费率等事实情况。保险人应对此负举证责任。

3. 投保人因重大过失未履行如实告知义务的内容不属保险事故发生主要原因，对保险人承担保险责任不具有决定性因果关系的，保险人不得以投保人未尽如实告知义务为由拒绝承担保险责任。

4. 对保险代理人介入的情况下，投保人在订立保险合同时违反如实告知义务的责任可因代理人对其行为的影响而消灭或减弱。在需投保人亲自回答问题的场合，如保险代理人对内容不明问题以自己的理解或解释来确定，或对投保人在回答时所产生的疑问自动加以排除的，则投保人可免责。保险代理人代为填写告知书等保险凭证并经投保人亲笔签名确认的，代为填写的内容视为投保人、被保险人的意思表示，但能够证明代理人误导投保人的除外。

5. 投保人对保险人所询问的下列事项不作回答，不应认定为如实告知义务的违反：①为保险人所已知的；②依常理判断保险人已知的；③经保险人声明不必进行告知的。

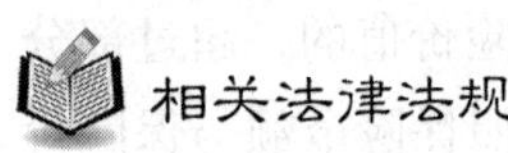

相关法律法规

《中华人民共和国保险法》

第四十九条 保险标的转让的，保险标的的受让人承继被保险人的权利和义务。

保险标的转让的，被保险人或者受让人应当及时通知保险人，但货物运输保险合同和另有约定的合同除外。

……

被保险人、受让人未履行本条第二款规定的通知义务的，因转让导致保险标的危险程度显著增加而发生的保险事故，保险人不承担赔偿保险金的责任。

第五十五条第三款 保险金额不得超过保险价值。超过保险价值的，超过部分无效，保险人应当退还相应的保险费。

第五十六条第二款　重复保险的各保险人赔偿保险金的总和不得超过保险价值。除合同另有约定外，各保险人按照其保险金额与保险金额总和的比例承担赔偿保险金的责任。

操作技能实训

实训目的

通过实际案例操作训练，进一步理解和掌握财产保险合同的权利义务关系，并能在实际工作中熟练运用所学知识处理相关实务。

实训形式一——案件辩论会、形成案件分析报告

（一）实训素材[1]

殷某于2004年6月为其所有的越野车与某保险公司签订了一份保险合同，险种为第三者责任险，赔偿限额为10万元，保险期限自2004年6月10日0时起至2005年7月9日24时止。在保险期限内，殷某将该车转让给吴某，并于2004年12月2日办理了过户手续，但吴某与殷某均未到保险公司办理保险合同批改手续。2004年12月18日14时45分许，吴某允许的合格驾驶员李某驾驶的越野车发生交通事故，致张某当场死亡。经当地公安局交通巡逻警察大队对该交通事故认定，李某承担事故的全部责任，张某不承担事故责任。后经法院判决，吴某共赔偿了张某家属各项损失20万元。后吴某向保险公司申请理赔，保险公司于2006年6月1日发出了拒赔通知书。吴某遂向法院提起诉讼，要求保险公司赔偿第三者综合责任险10万元。保险公司辩称，殷某将保险车辆转让给吴某后，吴某未到保险公司办理批改手续，吴某与保险公司不具有保险合同法律关系，其无权起诉保险公司并要求赔偿保险金，原保险标的保险利益在损失发生时已经不存在，要求驳回原告的诉讼请求。

（二）实训要求

1. 学生根据案件材料，分析被保险人、受让人未履行及时通知保险人的义务，是否必然承受不利的法律后果；本案保险标的转让是否导致了保险标的危险程度显著增加；保险公司以受让人与其没有保险合同关系，原保险标的保险利益关系已不存在为由，拒绝赔付是否于法有据。

2. 学生分为正反两方。正方主张保险公司应当依照保险合同向原告理赔；反方主张保险公司不应该理赔；正反双方就案件事实运用财产保险法律法规充分展开论证、有理有据。正反方形成案件分析报告。

3. 老师根据学生形成的案件分析报告进行讲解点评，得出处理意见。

---

〔1〕参见奚晓明主编、最高人民法院保险法司法解释起草小组编著：《〈中华人民共和国保险法〉保险合同章条文理解与适用》，中国法制出版社2010年版，第328～329页。

要点指导

1. 保险法之所以规定保险车辆转让必须办理批改手续，其立法目的是便于保险人对保险车辆的规范管理，防止冒领保险金或者骗保，而不是免除保险人的赔偿责任。

2. 本案殷某与保险公司签订保险合同之后，在保险期间将保险标的转让给了吴某，并办理了车辆过户手续。由于该保险合同标的的转移导致保险合同主体的变更，该车附随的保险利益也已随之转移给了吴某享有，故吴某受让该保险车辆的行为，在事实上产生了保险合同当事人的主体资格的变更。

虽然吴某未办理批改手续，但其允许的合格驾驶员李某在使用保险车辆的过程中，发生意外事故，致使第三者遭受人身伤亡和财产损失的事实客观存在，不存在吴某冒领保险金或者骗保的情形。

3. 本案被保险人的变更亦不会增大保险人风险，从而导致不利于保险人履行合同的后果。综上，保险公司—应当遵循《保险法》的立法宗旨以及保险合同的约定给予赔偿。

实训形式二——案件讨论、举行模拟法庭

（一）实训素材[1]

2005 年 2 月 1 日，李某就其所有的奥迪小轿车向某保险公司投保私家车辆损失险、第三者责任险两基本险并加投全车盗抢险，车上人员责任险，自燃、火灾、爆炸险及不计免赔率特约险等四个附加险种，保险期限从 2005 年 2 月 1 日 0 时起至 2006 年 1 月 31 日 24 时止。保险公司以“新车购置价”34 万元作为基准向李某收取了各类险种的保险费。李某于 2005 年 4 月 21 日晚将受保车辆停放于某大厦旁，次日早上出差到外地，晚上约 8 点左右回到停车处发现车辆被盗。李某当即向所在地公安局派出所报案。在李某的车辆被盗后，李某持保险单向保险公司索赔时遭拒，双方产生纠纷。李某于 2005 年 9 月 2 日向法院起诉，请求判令保险公司支付车辆保险赔偿金 216 000 元。

法院审理查明，本案受保车辆初次登记日期为 1992 年 10 月。由李某于 2002 年 3～4 月间通过某旧车交易中心向原车主丁某购得，购车价为人民币 6 万元左右，随车移交的证件有车钥匙一套、车辆行驶证、车辆车船税完税及车辆购置税凭证。

（二）实训要求

1. 学生分组讨论，根据案件材料，分析保险合同是定值保险还是不定值保险；是否是超额保险，如果是超额保险，如何赔付保险金，如何处理保险公司收取的保险费。

2. 组织学生举办模拟法庭，分别作为原告、被告和合议庭等人员，对各自的主张

---

〔1〕 参见奚晓明主编、最高人民法院保险法司法解释起草小组编著：《〈中华人民共和国保险法〉保险合同章条文理解与适用》，中国法制出版社 2010 年版，第 356～362 页。

进行模拟庭审，在法庭上依法陈述、处理。

3. 原告制作起诉状、证据清单及准备相关证据材料。

4. 被告制作答辩状、证据清单及准备相关证据材料。

5. 合议庭成员制作判决书及相关法庭必须材料。

要点指导

1. 本案全车盗抢险的性质属于不定值保险。

2. 根据本案保险单的内容，保险公司是以“新车购置价”34 万元作为基准向李某收取的各类险种的保险费。故本案车辆于投保时以“新车购置价”作为基准而投保的几类险种，使得保险合同中该类险种约定的保险金额明显超出了保险价值，出现了超额保险。

3. 本案的处理：

（1）根据《保险法》第 55 条第 3 款的规定，保险金额不得超过保险价值；超过保险价值的，超过的部分无效。因此保险公司对超额部分无赔偿义务。

（2）根据《合同法》第 58 条之规定，合同无效或者被撤销后，因该合同取得的财产，应当予以返还。故保险公司应当将上述三类险种的保险金额超过保险价值的部分对应的保险费及银行同期利息返还给投保人。

（3）保险公司应赔付给李某保险金；逾期履行，则按中国人民银行同期商业贷款利率双倍计付迟延履行期间的债务利息返还给李某。

专项实训五　保险业监管的性质与作用

一、保险业监管的要素

（一）保险业监管主体

1. 保险监管机关。自 1980 年我国全面恢复国内保险业务以来，由中国人民银行行使保险业的监督管理职能。1998 年 11 月 18 日，中国保险监督管理委员会成立，简称保监会，取代了中国人民银行对保险业的监管地位。我国保监会的主要任务是：①拟定商业保险的政策法规和行业规划；②依法查处保险企业违法违规行为，保护被保险人的利益；③维护市场秩序，培育和发展保险市场；④完善保险市场体系，推进保险体制改革，促进保险企业公平竞争；⑤建立保险业风险的评价和预警体系，防范和化解保险业风险，促进保险企业稳健经营、保险业务健康发展。

2. 保险业自律组织。保险行业自律组织，是指在保险及其相关领域中从事管理活动的非官方组织，是保险行业自身管理的具体实施机构。在我国，保险业自律组织就是保险行业协会，属于社会团体法人。《保险法》规定，保险公司应当加入保险行业协会，保险代理人、保险经纪人、保险公估机构可以加入保险行业协会。

3. 保险信用评级机构。保险评级是由独立的社会信用评级机构采用一定的评级办法对保险公司信用等级进行评定，并用一定的符号予以表示。世界比较著名的保险信用评级机构主要有：AM. 贝思特公司（A. M. BEST）、标准普尔公司（Standard & Poor's）、穆迪公司（Mody's Investors Service）。

（二）保险业监管客体

保险业监管的客体，就是保险业监管的对象，也就是保险合同的当事人及关系人，包括：保险人、保险中介人、投保人、被保险人及受益人。

（三）保险业监管的内容

保险业监管的内容包括：组织监管、业务监管和财务监管。

1. 组织监管。组织监管的内容包括组织形式、保险企业设立、停业清算、从业人员资格及外资保险企业的监管。

2. 业务监管。业务监管的内容包括保险公司营业范围、保险条款和保险费率、再保险业务、保险中介人、精算制度等方面的监管。

3. 财务监管。财务监管的内容包括保证金/资本金、准备金、偿付能力、保险投资、财务核算等方面的监管。

二、保险业监管的方式与手段

（一）保险业监管的方式

1. 公告管理方式：国家仅规定保险业实体应按照政府要求的格式及内容定期将资产负债、营业结果等信息予以公告。

2. 规范管理方式：由政府规定保险业经营的准则，要求保险业共同遵守。政府对保险经营的重大事项，如最低资本额、资产负债比例、投资运用等均有明确规定。

3. 实体管理方式：国家制定完善的保险管理规则，保险管理机关有较高的权威，对保险企业的设立、经营、财务，业务及破产清算等均进行监管。

（二）保险业监管的手段

1. 法律手段。国家通过保险法规对保险公司的开业资本金、管理人员、经营范围、保险费率、保险条款等实质性问题作出规定。我国现行的《保险法》采用保险公司法与保险合同法合二为一的体例，是我国保险法律体系的核心部分。

2. 行政手段。国家运用行政手段，为保险运行创造良好的外部环境和社会条件，及时纠正保险市场的不良现象，确保保险市场健康运行、充满活力。

3. 经济手段。根据市场客观经济规律的需要，国家运用财政、税收、信贷等各种经济杠杆，正确处理各种经济关系来管理保险业。经济手段是国家对保险业进行监管的主要方法。

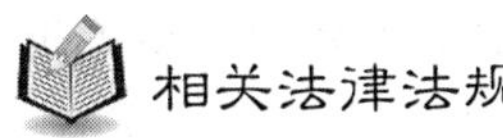

相关法律法规

《中华人民共和国保险法》

第六十七条第一款　设立保险公司应当经国务院保险监督管理机构批准。

第六十八条　设立保险公司应当具备下列条件：

（一）主要股东具有持续盈利能力，信誉良好，最近三年内无重大违法违规记录，净资产不低于人民币二亿元；

（二）有符合本法和《中华人民共和国公司法》规定的章程；

（三）有符合本法规定的注册资本；

（四）有具备任职专业知识和业务工作经验的董事、监事和高级管理人员；

（五）有健全的组织机构和管理制度；

（六）有符合要求的营业场所和与经营业务有关的其他设施；

（七）法律、行政法规和国务院保险监督管理机构规定的其他条件。

第六十九条　设立保险公司，其注册资本的最低限额为人民币二亿元。

国务院保险监督管理机构根据保险公司的业务范围、经营规模，可以调整其注册资本的最低限额，但不得低于本条第一款规定的限额。

保险公司的注册资本必须为实缴货币资本。

第一百一十六条　保险公司及其工作人员在保险业务活动中不得有下列行为：

（一）欺骗投保人、被保险人或者受益人；

（二）对投保人隐瞒与保险合同有关的重要情况；

……

第一百三十一条　保险代理人、保险经纪人及其从业人员在办理保险业务活动中不得有下列行为：

（一）欺骗保险人、投保人、被保险人或者受益人；

（二）隐瞒与保险合同有关的重要情况；

……

第一百六十二条　保险公司违反本法第八十四条规定的，由保险监督管理机构责令改正，处一万元以上十万元以下的罚款。

第一百六十六条　保险代理机构、保险经纪人违反本法规定，有下列行为之一的，由保险监督管理机构责令改正，处二万元以上十万元以下的罚款；情节严重的，责令停业整顿或者吊销业务许可证：

（一）未按照规定缴存保证金或者投保职业责任保险的；

（二）未按照规定设立专门账簿记载业务收支情况的。

第一百七十一条 保险公司、保险资产管理公司、保险专业代理机构、保险经纪人违反本法规定的，保险监督管理机构除分别依照本法第一百六十条至第一百七十条的规定对该单位给予处罚外，对其直接负责的主管人员和其他直接责任人员给予警告，并处一万元以上十万元以下的罚款；情节严重的，撤销任职资格。

操作技能实训

实训目的

通过实际案例操作训练，进一步理解和掌握保险公司和保险业的经营规则以及监督管理的法律要求，并能在实际工作中熟练运用所学知识处理相关实务。

实训形式一——制作投资协议、模拟股东会及工商登记注册

（一）实训素材

张某、李某和黄某协商准备在广州成立一家经营财产保险业务的保险公司，名称拟定“大地财产保险公司”，注册资金5亿元人民币。

（二）实训要求

1. 学生学习熟悉保险公司设立的条件和程序。厘清张某、李某和黄某拟设立一家保险公司需具备什么条件、提交哪些申请设立的文件。

2. 学生模拟投资者签订投资协议；召开股东会，对成立“大地财产保险公司”做出决议。

3. 准备完备的保险公司设立所需要的文件，依照法律规定报送公司登记机关审批，办理工商登记注册。

要点指导

1. 根据《保险法》第68条，保险公司设立应当具备净资产不低于人民币2亿元等七方面的条件。

2. 设立保险公司其注册资本的最低限额为人民币2亿元。保险公司的注册资本必须为实缴货币资本。

3. 根据《保险法》第70条，申请设立保险公司，应当向国务院保险监督管理机构提出书面申请等材料。

4. 国务院保险监督管理机构应当自受理开业申请之日起60日内，作出批准或者不批准开业的决定。决定批准的，颁发经营保险业务许可证；决定不批准的，应当书面通知申请人并说明理由。

实训形式二——案例讨论、制作法律文书

（一）实训素材

2014年12月，河北保监局接到保险消费者投诉，反映邮政储蓄银行沙河市太行大街支行在向其销售新华保险红双喜产品过程中，存在将保险产品混淆为银行理财产品、夸大收益等误导行为。调查发现，2014年1月和9月，新华人寿保险股份有限公司（以下简称为新华人寿）邢台中心支公司通过与代理银行网点联合开展业务启动会和理财产品展销会等方式片面、错误介绍宣传保险产品。例如，在给银行发放的宣传材料中有“惠福宝两全保险在满13个月应有多少收益？3.8%或380”等内容；在理财产品展销会活动中，根据新华人寿邢台中心支公司提供的有关惠福宝产品宣传材料，邮政储蓄银行沙河市太行大街支行在其网点大厅电子展示板上写有“固定收益有保障厚惠有期有盼头　资金灵活　提前见利……惠福宝年金保险收益高达4.15%”等内容。该银行在销售的保单上还加盖“河北沙河太行街邮政储蓄”印章（该印章也加盖于储蓄存折），使消费者误以为购买了银行理财产品。

（二）实训要求

1. 学生分组讨论，根据案件材料，分析保险公司的宣传行为和银行销售保险行为是否违规；如果违规，应如何承担法律责任。

2. 案例讨论：学生分别代表消费者、保险公司和银行各自发表意见，进行辩论。

3. 学生代表保监局作出处理决定。

要点指导

1. 保险公司的宣传行为违反《保险法》第116条：“保险公司及其工作人员在保险业务活动中不得有下列行为：①欺骗投保人、被保险人或者受益人；②对投保人隐瞒与保险合同有关的重要情况；……”

2. 银行的代理保险销售行为违反《保险法》第131条：“保险代理人、保险经纪人及其从业人员在办理保险业务活动中不得有下列行为：①欺骗投保人、被保险人或者受益人；②对投保人隐瞒与保险合同有关的重要情况；……”

3. 根据《保险法》第162条、第166条、第171条的规定，河北保监局应对新华人寿邢台中心支公司作出责令停止接受银行邮政代理新业务2个月并罚款10万元的处理决定，对该公司总经理助理兼银代部门经理给予警告并处罚款3万元；吊销邮储银行沙河市太行大街支行保险兼业代理业务许可证。

单 元 五

票据法实训

专项实训一　票据的无因性

一、票据的概念

票据是商品交易发展到一定阶段的产物。票据是指出票人签发的，约定自己或委托他人于到期日无条件按票载金额向收款人或持票人付款的有价证券。

二、票据的特征

票据是一种设权证券。票据所反映的权利由票据行为所创设，是票据形成后新产生的权利，不是在票据形成前已有的权利。

票据是一种完全证券。票据是完全证券，具有权券一体性。票据权利和反映票据权利的凭证不能分离。

票据是一种无因证券。票据签发、背书、承兑、保证等往往基于一定的原因关系，如因交易关系中的各种款项与费用支付义务而签发或转让票据。在票据法中原因关系的无效、被撤销不影响票据的效力。这就是票据的无因性。

票据是一种要式证券、文义证券。票据格式的统一、票据记载事项的法定说明了票据的要式性。票据是一种按票载文义确定效力的证券。

票据是一种流通证券。票据的流通，是市场经济的需要，各国票据制度无不鼓励、促进票据的流通。

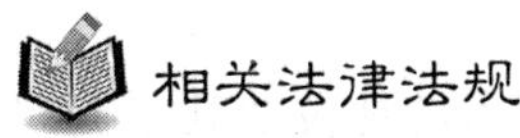

相关法律法规

《中华人民共和国票据法》

第四条 票据出票人制作票据，应当按照法定条件在票据上签章，并按照所记载的事项承担票据责任。

持票人行使票据权利，应当按照法定程序在票据上签章，并出示票据。

其他票据债务人在票据上签章的，按照票据所记载的事项承担票据责任。

……

第六条 无民事行为能力人或者限制民事行为能力人在票据上签章的，其签章无效，但是不影响其他签章的效力。

第十三条 票据债务人不得以自己与出票人或者与持票人的前手之间的抗辩事由，对抗持票人。但是，持票人明知存在抗辩事由而取得票据的除外。

……

《最高人民法院关于审理票据纠纷案件若干问题的规定》

第十四条 票据债务人以票据法第十条、第二十一条的规定为由，对业经背书转让票据的持票人进行抗辩的，人民法院不予支持。

操作技能实训

实训目的

通过真实案例的操作技能实训，学生能够掌握票据与票据法基础知识，加深对票据无因性的理解，培养学生正确运用票据无因性理论处理票据纠纷的实操技能。

实训形式——课堂讨论、形成对该案例的处理意见

（一）实训素材

2002 年 7 月 6 日，盛荣电器公司与天逸对外贸易公司化工建材分公司签订一份价值 203 765 元的冰柜、空调购销合同。合同签订后，该化工建材分公司预付货款 8 万元，盛荣电器公司供给化工建材公司价值 202 797 元的电冰柜和空调。此后，双方于 2002 年 8 月 17 日又签订一份价值 492 800 元的空调、冰柜购销合同。为付货款，化工建材公司向范某借款，并从某县工商银行某支行申领到一张以范某为户名的 20 万元的现金汇票交付给盛荣电器公司（此款包括 7 月 6 日的合同欠款 122 797 元，余下款作为 8 月 17 日合同的预付款），盛荣电器公司持该汇票到某市工商银行分行要求兑现。因汇票密押错误，该工商银行分行拒付。

（二）实训要求

1. 学生学习并熟悉《票据法》关于票据无因性问题的规定，深入了解票据无因性概念的内涵。

2. 学生分小组讨论，根据案例素材，分析该案例中汇票关系人的地位及其票据权利义务关系。

3. 学生利用票据法的无因性理论形成对该案例的处理意见。

要点指导

1. 本案例涉及的主要是票据无因性原则的法律效力问题。该案中，某市工商银行分行认为收、付款单位有纠纷，而拒绝付款，其行为违反了票据无因性原则。依据票据无因性原则，银行作为付款人，对于持票人的资格只有形式审查的义务。只要持票人具有形式的持票资格，银行就应当无条件支付票据金额。

2. 本案中，盛荣电器公司从某县工商银行某支行申请领取的汇票，无论在形式上、内容上，还是取得的方式上都是合法的。根据票据无因性原则，付款方某市工商银行分行所负有的审查义务仅限于此，不仅不必审查收、付双方的原因关系以及双方是否存在纠纷等实质性的内容，而且不必如本案例所述那样以密押错误为理由拒付。该汇票是有效票据，付款方应及时付款。

专项实训二　票据基本的制度

一、票据关系与票据的基础关系

票据关系，是指由票据法调整，以票据权利义务为内容的商事关系。在票据关系中，享有权利的人是票据债权人，如收款人、持票人；承担义务的人是票据债务人，如出票人、背书人、承兑人。

民法上的非票据关系是指不为票据法调整，与票据行为、票据关系有密切联系的民事法律关系。非票据关系又称为票据基础关系。

票据行为，是指设定、让与票据权利，或将票据权利授予他人行使的法律行为。除通过单纯交付票据方式移转票据权利的票据权利让与行为之外，票据行为均属为行为人自己设定票据债务的要式行为。

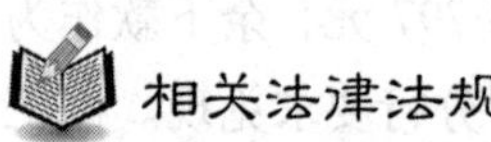

《中华人民共和国票据法》

第十条　票据的签发、取得和转让，应当遵循诚实信用的原则，具有真实的交易关系和债权债务关系。

票据的取得，必须给付对价，即应当给付票据双方当事人认可的相对应的代价。

二、票据的丧失

票据的丧失，是指当事人无抛弃票据的意思而丧失票据占有的客观状态。如票据的遗失、被盗、烧毁等。

票据丧失的救济。我国《票据法》规定票据失票人在丧失票据后可以依挂失止付、公示催告、诉讼的方法救济。

（一）挂失支付

挂失止付是指失票人于票据丧失后将失票情形告知付款人，并请求付款人停止止付失票上记载的金额，付款人基于失票人的请求依法暂停付款的制度。

（二）公示催告

公示催告，是指法院根据票据失票人的申请，以公示方法告知并催促利害关系人于一定期间内，向法院申报权利；利害关系人在规定的期间内申报权利，法院经审查符合申报条件的，终结公示催告程序；逾期无人申报的，根据申请人的请求作出除权判决的诉讼制度。

（三）诉讼

出票人拒绝签发票据或者票据债务人拒绝履行票据义务的，失票人可以向人民法院提起民事诉讼。

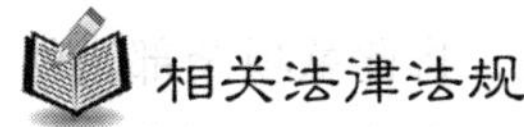
相关法律法规

《中华人民共和国票据法》

第十五条 票据丧失，失票人可以及时通知票据的付款人挂失止付，但是，未记载付款人或者无法确定付款人及其代理付款人的票据除外。

收到挂失止付通知的付款人，应当暂停支付。

失票人应当在通知挂失止付后三日内，也可以在票据丧失后，依法向人民法院申请公示催告，或者向人民法院提起诉讼。

《最高人民法院关于审理票据纠纷案件若干问题的规定》

第二十九条 失票人通知票据付款人挂失止付后三日内向人民法院申请公示催告的，公示催告申请书应当载明下列内容：

（一）票面金额；

（二）出票人、持票人、背书人；

（三）申请的理由、事实；

（四）通知票据付款人或者代理付款人挂失止付的时间；

（五）付款人或者代理付款人的名称、通信地址、电话号码等。

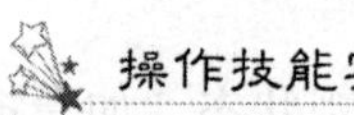

实训目的

通过真实案例的操作技能实训，学生能够掌握票据关系的含义、失票后的救济措施与手段，加深对票据关系是票据行为的结果的理解，加深对公示催告程序等相应救济制度的理解，培养学生正确运用票据法律分析、处理票据法律关系纠纷的实操技能。

实训形式——课堂研讨案例、形成本案的分析报告

（一）实训素材

2002年2月，宏达公司与金帆公司签订了名为联营实质上是借贷性质的《联营合同》，约定金帆公司向宏达公司借款人民币80万元，交通银行某分行（以下简称为交行）对该借款作担保并给宏达公司出具了担保书。之后，宏达公司签发了以某服装厂为收款人，到期日为2002年9月底的80万元商业汇票一张，还同该厂签订了虚假的《购销合同》，将该汇票与合同一并提交给农业银行某县支行（以下简称为农行）请求承兑，双方签订了《委托承兑商业汇票协议》。宏达公司告知农行拟使用贴现的方式取得资金，并承诺把该汇票的贴现款项大部分汇回该行，由该行控制使用。其后，该农行承兑了此汇票。而后收款人某服装厂持票到建设银行某分行贴现，并将贴现所得现款以退货款形式退回给宏达公司，后者则按《联营协议》的约定，将此款项全部借给金帆公司。汇票到期后农行以受宏达公司等诈骗为理由拒绝付款给贴现行，而当宏达公司要求金帆公司及交行归还借款时，交行则以出借方签发汇票套取资金用于借贷不合法为由，拒绝承担保证人责任。

案例中的法律关系哪些属于票据关系？有哪几种非票据关系？

（二）实训要求

1. 学生学习熟悉票据关系与非票据关系的内涵，理解常见的票据关系与非票据关系在实践中的表现，尤其是作为重要票据关系人的银行在这些票据流通过程中扮演的重要角色。

2. 学生根据案件材料，将该案例中各主体的关系与票据之间的联系分辨清楚，注意使用清晰的图表等形式定义它们的地位，使用该商业汇票出票人、付款人、承兑人、保证人等关系主体的法律责任作为尺度去界定其中的票据关系。

3. 形成本案的分析报告。

要点指导

1. 宏达公司的出票行为、农行的承兑行为、某服装厂向建行某分行的贴现行为，构成了本案中的汇票的出票人、收款人、承兑人、背书人及被背书人之间的一系列的票据债权债务关系，即本案的票据关系。

2. 在本案中存在以下几种非票据关系：①票据原因关系。将套取的资金用于非法借贷是本案中一系列出票、承兑等票据行为的真正原因，它们在本案中是以各种合同关系体现出来的。②票据资金关系，该关系以宏达公司同农行某县支行签订的《委托承兑商业汇票协议》体现出来。

实训形式二——课堂案例讨论、形成处理意见、撰写案件分析报告

（一）实训素材

梅某系某体育公司的会计。某日，梅某前往客户钱某处催收本公司的一笔货款。当时，钱某刚好收到某纺织公司（出票人）支付给他的一张金额5万元的劳务费的支票。钱某见梅某前来收款，就将该支票背书给了该体育公司，作为支付货款的款项。由于当时已届下班时间，梅某遂将收到的支票带回家中，打算第二天再去银行办理手续，但是由于不慎，梅某带回家的那张支票被其家人用洗衣机绞成了碎片。某体育公司请教有关专家后，决定向法院提起公示催告程序。法院看了该体育公司的申请公示催告书并了解到有关情况后，拒绝受理，理由有两点：其一，支票虽然被绞碎，但尚未灭失，不存在被冒领的危险，只需要求出票人重新签发一张支票即可，无须启动公示催告程序；其二，即使需要提起公示催告程序，也应由支票上的收款人钱某提起，该体育公司不是该支票的收款人，没有资格提起公示催告程序。同时，法院认为应先到银行办理挂失止付，然后才可以提起公示催告程序。

（二）实训要求

1. 学生学习梳理有关票据的挂失止付、公示催告的理论知识和法律条款，熟悉相关法律文件。

2. 学生讨论案件，分析判断案例中的支票是否属于票据法上的丧失状态，并讨论某体育公司能否成为诉讼主体提起公示催告程序。

3. 学生对于法院拒绝受理公示催告程序的理由能否成立进行讨论，分析这些理由是否有充分的法律依据。

4. 形成处理意见，撰写案件分析报告。

要点指导

1. 本案中的支票属于票据丧失。因为原支票被洗衣机绞碎以后，不能再作为证券来证明权利，这属于票据的绝对丧失。因为某体育公司并不是该支票出票的票据原因关系的直接当事人，所以其不能要求出票人重新签发票据，以免发生票据纠纷。此外，公示催告程序具有防止票据被他人冒领的功能，但它的本质功能是票据权利的一种复权方法。

2. 某法院的拒绝理由不能成立，原因有二：其一，《票据法》规定，有权提起公示催告的申请人是失票人而非收款人。某体育公司申请公示催告的该支票有明确的付款人，符合提起该程序的必要条件。其二，挂失止付并不是提起公示催告程序的必要程序，也不是票据的复权方法。

专项实训三　汇票及汇票行为

基本知识

一、认识汇票

汇票（Bill of Exchange，Draft）是指出票人签发的，委托付款人在见票时或者在指定日期无条件支付确定的金额给收款人或者持票人的票据。从以上定义可知，汇票是一种无条件支付的委托，有三个当事人：出票人、付款人和收款人。

二、汇票的发票

票据的发票，又称为票据的出票、票据的签发和票据的发行等。

汇票发票的款式，是指出票人根据票据法的规定在汇票上应为的或可以为的各种记载。根据我国《票据法》的规定，可将汇票发票的款式分为如下几种事项：

（一）绝对必要记载事项

绝对必要记载事项，是指若不记载该事项时，票据就归于无效的那些记载事项。

（二）相对必要记载事项

相对必要记载事项，是指依据票据法的规定，票据应当记载但未记载并不导致票据无效的那些记载事项。

（三）绝对有益记载事项

绝对有益记载事项是指票据法规定的，可以由出票人选择记载的事项。

（四）相对有益记载事项及无益记载事项

汇票上可以记载票据法规定事项以外的其他出票事项，但是该记载事项不具有汇票上的效力。如果属于绝对无益记载事项甚至可能使票据无效。

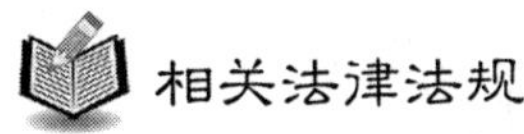

相关法律法规

《中华人民共和国票据法》

第十九条 汇票是出票人签发的，委托付款人在见票时或者在指定日期无条件支付确定的金额给收款人或者持票人的票据。

……

第二十二条 汇票必须记载下列事项：

（一）表明“汇票”的字样；

（二）无条件支付的委托；

（三）确定的金额；

（四）付款人名称；

（五）收款人名称；

（六）出票日期；

（七）出票人签章。

汇票上未记载前款规定事项之一的，汇票无效。

第二十五条 付款日期可以按照下列形式之一记载：

（一）见票即付；

（二）定日付款；

（三）出票后定期付款；

（四）见票后定期付款。

前款规定的付款日期为汇票到期日。

《最高人民法院关于审理票据纠纷案件若干问题的规定》

第四十四条 因更改银行汇票的实际结算金额引起纠纷而提起诉讼，当事人请求认定汇票效力的，人民法院应当认定该银行汇票无效。

三、汇票的承兑

承兑（acceptance）是指远期汇票的付款人承诺于付款到期日，将无条件支付票据金额，并将该意思表示记载于汇票上的一种附属票据行为。根据我国目前的票据法规，必须承兑的汇票只有商业汇票，包括商业承兑汇票和银行承兑汇票两种。

1. 承兑是一种附属票据行为。它以出票行为的合法成立为前提，作用在于确认出票行为所确定的无条件支付的委托。

2. 承兑是付款人从事的单方票据行为。与出票行为和其他附属票据行为不同，承兑是付款人（第一债务人）的单方法律行为。

3. 承兑以付款人承诺负担票据金额支付义务为基本内容。

4. 承兑是对远期票据上付款请求权加以确认和保全的必备要件。

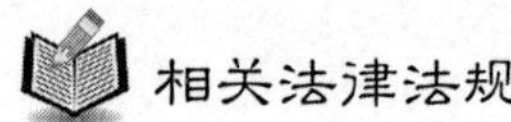

相关法律法规

《中华人民共和国票据法》

第二十六条 出票人签发汇票后，即承担保证该汇票承兑和付款的责任。出票人在汇票得不到承兑或者付款时，应当向持票人清偿本法第七十条、第七十一条规定的金额和费用。

第三十七条 背书人以背书转让汇票后，即承担保证其后手所持汇票承兑和付款的责任。背书人在汇票得不到承兑或者付款时，应当向持票人清偿本法第七十条、第七十一条规定的金额和费用。

第三十八条 承兑是指汇票付款人承诺在汇票到期日支付汇票金额的票据行为。

第四十一条 付款人对向其提示承兑的汇票，应当自收到提示承兑的汇票之日起三日内承兑或者拒绝承兑。

付款人收到持票人提示承兑的汇票时，应当向持票人签发收到汇票的回单。回单上应当记明汇票提示承兑日期并签章。

第四十二条 付款人承兑汇票的，应当在汇票正面记载“承兑”字样和承兑日期并签章；见票后定期付款的汇票，应当在承兑时记载付款日期。

汇票上未记载承兑日期的，以前条第一款规定期限的最后一日为承兑日期。

第四十三条 付款人承兑汇票，不得附有条件；承兑附有条件的，视为拒绝承兑。

第四十四条 付款人承兑汇票后，应当承担到期付款的责任。

第六十二条 持票人行使追索权时，应当提供被拒绝承兑或者被拒绝付款的有关证明。

持票人提示承兑或者提示付款被拒绝的，承兑人或者付款人必须出具拒绝证明，或者出具退票理由书。未出具拒绝证明或者退票理由书的，应当承担由此产生的民事责任。

《票据管理实施办法》

第二十七条第一款 票据法第六十二条所称“拒绝证明”应当包括下列事项：

（一）被拒绝承兑、付款的票据的种类及其主要记载事项；

（二）拒绝承兑、付款的事实依据和法律依据；

（三）拒绝承兑、付款的时间；

（四）拒绝承兑人、拒绝付款人的签章。

四、汇票的背书

背书是指持票人在票据背面或者粘贴单上记载有关事项并签章，将汇票权利让与他人的一种票据行为。背书在学理上根据签发背书的目的分为实质背书和形式背书两类。

实质背书以票据权利转移为目的，因而又称为转让背书，实质背书依其不同特征还可以再分为一般背书和特别背书。

形式背书不以票据权利转移为目的，仅在形式上具有背书的外观，而在实质上不转让票据权利。形式背书主要包括委托收款背书和设定质权背书。

五、汇票的追索

（一）追索权

追索权（right to recourse）是指持票人在经过提示而未获承兑或未获付款时，或者因其他法定原因而无法行使票据兑付请求权时，依法向其前手请求偿还票据金额、利息及费用的一种票据上权利。

（二）汇票追索权的行使条件

1. 汇票在提示期间经合法提示。
2. 汇票上兑付请求权被拒绝或不能实现。
3. 票据权利人依法取得拒绝证明。
4. 追索权的行使未超过时效期间。

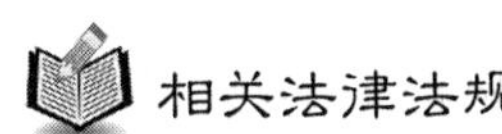

《中华人民共和国票据法》

第二十七条　持票人可以将汇票权利转让给他人或者将一定的汇票权利授予他人行使。

出票人在汇票上记载“不得转让”字样的，汇票不得转让。

持票人行使第一款规定的权利时，应当背书并交付汇票。

背书是指在票据背面或者粘单上记载有关事项并签章的票据行为。

第三十一条　以背书转让的汇票，背书应当连续。持票人以背书的连续，证明其汇票权利；非经背书转让，而以其他合法方式取得汇票的，依法举证，证明其汇票权利。

前款所称背书连续，是指在票据转让中，转让汇票的背书人与受让汇票的被背书人在汇票上的签章依次前后衔接。

第三十二条 以背书转让的汇票，后手应当对其直接前手背书的真实性负责。

后手是指在票据签章人之后签章的其他票据债务人。

第三十六条 汇票被拒绝承兑、被拒绝付款或者超过付款提示期限的，不得背书转让；背书转让的，背书人应当承担汇票责任。

第三十七条 背书人以背书转让汇票后，即承担保证其后手所持汇票承兑和付款的责任。背书人在汇票得不到承兑或者付款时，应当向持票人清偿本法第七十条、第七十一条规定的金额和费用。

第六十一条 汇票到期被拒绝付款的，持票人可以对背书人、出票人以及汇票的其他债务人行使追索权。

汇票到期日前，有下列情形之一的，持票人也可以行使追索权：

（一）汇票被拒绝承兑的；

（二）承兑人或者付款人死亡、逃匿的；

（三）承兑人或者付款人被依法宣告破产的或者因违法被责令终止业务活动的。

第六十八条第一款 汇票的出票人、背书人、承兑人和保证人对持票人承担连带责任。

第七十二条 被追索人依照前二条规定清偿债务后，其责任解除。

《最高人民法院关于审理票据纠纷案件若干问题的规定》

第四十九条 依照票据法第二十七条和第三十条的规定，背书人未记载被背书人名称即将票据交付他人的，持票人在票据被背书人栏内记载自己的名称与背书人记载具有同等法律效力。

第五十条 依照票据法第三十一条的规定，连续背书的第一背书人应当是在票据上记载的收款人，最后的票据持有人应当是最后一次背书的被背书人。

操作技能实训

实训目的

通过真实案例的操作技能实训，学生能够掌握汇票、汇票承兑、汇票背书、汇票追索的相关法律知识，加深对汇票有效成立的法律必备要件、汇票承兑的内涵以及票据法设置汇票承兑的法律意义、汇票背书、汇票追索等票据行为的票据权利的内容的理解，培养学生具有正确运用有关汇票法律规定分析、处理汇票事务纠纷的实操技能。

实训形式——课堂讨论

（一）实训素材

2000年4月3日，A市东风商场与百惠公司订立了联营合同，其中约定百惠公司在A市设立分公司，与东风商场联营家用电器，百惠公司给东风商场的商品按进价供应，贷款结算办法采用银行承兑汇票，结算承兑期为6个月，按实际销售额结算贷款。合同有效期从签发汇票之日起至2001年7月10日止。2000年9月18日，东风商场经理持《联营合同》至其开户银行A市信用社，请求办理银行承兑汇票。A市信用社遂与东风商场签订了承兑协议，内容为：银行承兑汇票收款人为百惠公司，付款人东风商场，汇票金额120万元，承兑银行A市信用社，汇票申请人东风商场。之后，东风商场签发了X11623567号汇票，因A市信用社不具有银行承兑资格，该社主任李某持X11623567号汇票到A市建行某支行找到该行会计科长陈某，要求代盖A市建行某支行公章。陈某就在该汇票签发栏内盖上A市建行某支行公章，未在承兑银行栏内盖章，该栏空白。陈某盖好章后将该银行承兑汇票交给李某，李某再转给东风商场经理。同年9月28日，东风商场经理将该银行承兑汇票送交百惠公司。

（二）实训要求

1. 学生应当熟知“绝对必要记载事项”“相对必要记载事项”“绝对有益记载事项”等记载事项的法律规定内涵并对案例事实进行对比划分。

2. 学生根据《票据法》中汇票部分的相关规定，讨论案例中票据关系人的行为，并梳理相关事实。

3. 讨论判断案例中所指的汇票是否为有效票据，并思考该汇票之所以不具有有效性的原因，举一反三。

要点指导

1. 汇票的发票行为是非常重要的一个票据行为。如果汇票的发票环节是无效的或是有瑕疵的，将导致票据主体的目的不能达成或是出现法律纠纷。

2. 本案中汇票为无效汇票。根据我国《票据法》规定，汇票必须记载下列事项：表明“汇票”的字样，无条件支付的委托，确定的金额，付款人的名称，收款人的名称，出票日期，出票人签章。未记载其中之一的，汇票无效。本案中的银行汇票承兑栏内无承兑人签名或盖章，无承兑人即无付款人，欠缺法定绝对必要记载事项。从申请承兑时当事人的意思表示来看，A市建行某支行经办人并没有承兑的意思表示，也未在承兑栏内盖章。从票据实质要件而言，A市信用社也不具有银行承兑汇票承兑之权利能力和行为能力。所以，其与东风商场所订银行承兑协议是无效的。由此可见，该汇票是欠缺付款人、出票人不合格的无效银行汇票，不能产生票据法上的权利义务关系。

实训形式二——课堂辩论、形成分析意见

（一）实训素材

2011年3月12日，华穗贸易有限公司与荣和商务有限公司签订了一份购销合同，华穗贸易有限公司买给荣和商务有限公司一批笔记本电脑，交货期为4月1日，合同

总价款为250万元，用银行承兑汇票结算。合同规定，荣和商务有限公司应当在合同签订后开出汇票，2个月后付款。

荣和商务有限公司在合同签订后即开出汇票，并且在自己的开户银行某工商银行申请承兑。该工商银行审核后承兑，承兑日期为6月1日。

汇票承兑以后，荣和商务有限公司将汇票交给华穗贸易有限公司。华穗贸易有限公司拿到汇票以后，为了马上得到资金，立即向自己的开户银行某农业银行申请贴现。该农业银行向承兑行某工商银行查询，得到的回答是"承兑真实，有效"。于是，某农业银行办理了贴现，将220万元贴现款转到华穗贸易有限公司的账户上。

后来，华穗贸易有限公司的货源出现问题，无相应批次的笔记本电脑可以提供给荣和商务有限公司。

荣和商务有限公司在合同的履行期限内等不到相应的标的物，觉得有问题，经过调查发现，华穗贸易有限公司根本没有合同所称的笔记本电脑，也没有准备继续履行合同的意思。荣和商务有限公司立即通知某工商银行，合同有欺诈嫌疑，要求该工商银行拒绝承兑。该工商银行又通知某农业银行，以该承兑汇票所依据的合同是欺诈合同，合同无效时承兑也无效为由，拒绝对该汇票付款。

贴现银行即某农业银行声称之前查询该工商银行时，该工商银行回复确认"承兑真实，有效"，所以，承兑银行即某工商银行必须承担到期付款义务。

双方协商未果，起诉到法院。

（二）实训要求

1. 学生熟悉汇票法律规定中有关承兑的规定，根据案件材料，分析本案例中承兑银行是否应当承担到期付款义务。就汇票承兑的有效性、该汇票承兑效果等问题进行辩论。

2. 确定案例分组演练的角色安排与书面材料的准备，落实各角色相互辩论的依据、理由。主要以某工商银行作为承兑行与某农业银行作为贴现行之间的权利义务关系作为辩论的重点。

要点指导

1. 本案中，某工商银行承兑汇票以后，应当承担无条件付款之责任。某农业银行因为贴现行为而成为该汇票的正当权利人，有权要求该工商银行付款。

2. 本案例中某工商银行不能以购销合同有欺诈嫌疑，属于无效合同为由，主张该银行承兑汇票无效，从而免除自己的付款责任。

3. 票据作为设权证券，其原因关系与票据关系相脱离；票据一经产生、一旦作成，票据的权利义务就产生了，并且具有独立性；票据作为无因证券，不问原因关系是否存在，也不问原因关系是否有效。

实训形式三——课堂辩论、形成分析处理意见

（一）实训素材

2006年4月16日，甲公司与乙公司签订了一份空调购销合同，双方约定：由乙公司向甲公司供应空调100台，价款为25万元，交货期为2006年4月25日，货款结算后即付3个月的商业承兑汇票。4月24日，甲公司向乙公司签发并承兑商业汇票一张，金额为25万元，到期日为2006年7月24日。5月5日，乙公司将该商业汇票背书给丙公司。5月10日，丙公司因业务需要又将该商业汇票背书质押与丁公司。5月20日，丁公司持该汇票向S银行申请贴现，S银行审核后同意贴现，向丁公司实付贴现金额23.6万元，丁公司将汇票背书转让给S银行。该商业汇票到期后，S银行持甲公司承兑的汇票提示付款，因该公司在银行存款不足而遭退票。S银行遂直接与甲公司交涉票款。甲公司以乙公司未履行合同为由不予付款。2007年3月2日，S银行又向其前手丁公司追索票款，亦未果。为此，S银行诉至法院，要求汇票的承兑人甲公司偿付票款25万元及利息；要求乙、丙、丁公司承担连带赔偿责任。甲公司辩称，论争的商业承兑汇票确系由其签发并经承兑，但乙公司未履行合同，有骗取票据之嫌，故拒绝支付票款。乙公司辩称，原合同约定的履行期太短，无法按期交货，可以与甲公司协商延期交货，但一开始不是进行票据诈骗。S银行不能要求其承担连带责任，因为该商业汇票追索时效已过了6个月。丙、丁公司亦主张该汇票追索时效已超过6个月，自己已无责任。

（二）实训要求

1. 学生学习背书的法律规定，熟悉背书的过程，指出三个背书的不同之处，了解商业汇票承兑的优点和缺点、票据贴现的意义和作用。

2. 学生分组安排人员扮演案例中的各票据关系人，并进行资料检索，准备书面材料，确定在票据责任方面己方辩论的依据和理由。

3. 陈述处理意见，甲公司是否应履行付款责任；乙、丙、丁公司应否承担连带责任，要求有事实与法律依据。

要点指导

1. 甲公司应当履行付款责任。因为在本案中，甲公司作为承兑人（其同时也是出票人）以乙公司未履行合同为由拒付票款，该抗辩事由只是对乙公司的抗辩事由，不得对抗善意持票人。S银行通过贴现，支付了相应的对价，经原持票人背书后成为新的善意持票人，享有票据权利。S银行在承兑期间提示承兑，甲公司不能以与乙公司的抗辩事由来对抗S银行，甲公司应履行其付款责任。

2. 乙、丙、丁公司不负担连带责任。因为S银行的追索权时效已届满。我国《票据法》规定背书人背书转让票据后，即承担保证其后手所持汇票承兑和付款的责任；

背书人在汇票得不到承兑或付款时，应当向持票人清偿依法被追索的金额和费用。

专项实训四 本票的出票、背书、追索

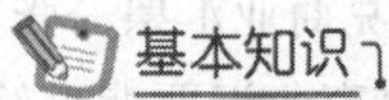

一、本票的概念

本票是指出票人签发的，承诺自己在见票时无条件支付确定金额给收款人或者持票人的票据。

与汇票、支票相比，本票有自己的一些特征：

1. 就承付的条件而言，本票是无条件的支付承诺，因此本票的付款人是出票人本人。
2. 本票的基本当事人无论在形式上还是实质上都只有两方，即出票人和收款人。
3. 本票是自己付款的票据。
4. 本票中没有承兑制度。

二、本票的付款

在票据实践中，银行汇票用于异地结算，而银行本票用于同城结算，所以在付款程序上不完全相同。银行本票的持票人应当自出票日起2个月内提示付款。

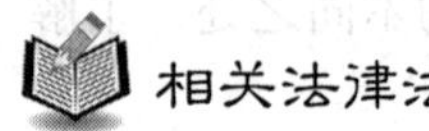

《中华人民共和国票据法》

第七十三条 本票是出票人签发的，承诺自己在见票时无条件支付确定的金额给收款人或者持票人的票据。

本法所称本票，是指银行本票。

第七十四条 本票的出票人必须具有支付本票金额的可靠资金来源，并保证支付。

第七十五条 本票必须记载下列事项：

（一）表明“本票”的字样；

（二）无条件支付的承诺；

（三）确定的金额；

（四）收款人名称；

（五）出票日期；

（六）出票人签章。

本票上未记载前款规定事项之一的，本票无效。

第七十七条 本票的出票人在持票人提示见票时，必须承担付款的责任。

第七十八条 本票自出票日起，付款期限最长不得超过二个月。

第八十条 本票的背书、保证、付款行为和追索权的行使，除本章规定外，适用本法第二章有关汇票的规定。

本票的出票行为，除本章规定外，适用本法第二十四条关于汇票的规定。

操作技能实训

实训目的

通过真实案例的操作技能实训，学生能够掌握本票的记载要求，加深对本票的发票规则的理解，培养学生正确运用相应票据规则分析、处理本票事务纠纷的实操技能。

实训形式——设计问题、课堂提问

（一）实训素材

甲市的A向某农业银行申请了一张本票，准备拿着该本票去乙市做生意。该本票上记载的内容有：出票日期是2002年3月5日；金额5000元；“本票”字样；无条件支付的承诺；出票地为甲市某农业银行所在地。A将此本票背书转让给了乙市的B，B又转让给了同市的C。

（二）实训要求

学生熟悉案件材料，针对以下提问准备书面材料并收集法律规定：

1. 该本票的出票行为有效吗？为什么？若是欠缺某些事项，这些欠缺事项又是哪些？

2. 若该本票为一张有效的本票，那么此本票必须在什么时候提示见票？

3. 若该本票为一张有效的本票，而该本票上并未记载付款地，那么《票据法》对此是如何规定的？C能否在乙市向乙市的某农业银行申请付款？

4. 假设C在2002年6月1日拿着该本票赶到甲市向某农业银行请求付款，该某农业银行应不应该付款？若该某农业银行拒绝付款，C能否向B行使追索权？

5. 如果B将该本票转让给C时是5月20日，应该会发生什么后果？

依据案例事实回答问题，注意问题的多方面性——出票、付款、追索、背书。

对比该本票的各票据行为所依据的法律规范与对应的汇票的票据行为所依据的法律规范，分析其相同相似之处与相异之处。

要点指导

1. 案例中的本票是无效的；因为该本票欠缺绝对必要记载事项中的“出票人签章”和“收款人名称”。

2. 若该本票为一张有效的本票，那么此本票必须在2002年5月5日之前提示。

3. 《票据法》规定在此情形之下以出票人的营业场所为付款地；C不能在乙市向乙市的某农业银行申请付款。

4. 假设C在2002年6月1日拿着该票赶到甲市向某农业银行请求付款，该某农业银行可以付款；若该某农业银行拒绝付款，则C不能向B行使追索权。

5. 如果B将该本票转让给C时是5月20日，因该本票已超过付款提示期限，是不得背书转让的；而如果B背书转让给C，背书人B应当承担本票责任。

专项实训五　支票的使用及变造后的法律后果

一、支票

支票是指出票人签发的，委托办理支票存款业务的银行或者其他金融机构在见票时无条件支付确定的金额给收款人或者持票人的票据。

支票的特点：

1. 支票是一种与汇票、本票并列的独立的票据。
2. 支票是委托银行或其他法定金融机构支付票款的票据。
3. 支票是见票即付的票据。

二、支票发票的禁止透支

支票的出票人所签发的支票金额不得超过其付款时在付款人处实有的存款金额。出票人签发的支票金额超过其付款时在付款人处实有的存款金额的，为空头支票。法律禁止签发空头支票。

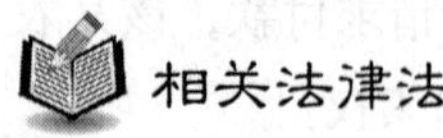

《中华人民共和国票据法》

第八十一条　支票是出票人签发的，委托办理支票存款业务的银行或者其他金融机构在见票时无条件支付确定的金额给收款人或者持票人的票据。

第八十三条　支票可以支取现金，也可以转账，用于转账时，应当在支票正面注明。

……

支票中专门用于转账的，可以另行制作转账支票，转账支票只能用于转账，不得支取现金。

第八十四条　支票必须记载下列事项：

（一）表明“支票”的字样；

（二）无条件支付的委托；

（三）确定的金额；

（四）付款人名称；

（五）出票日期；

（六）出票人签章。

支票上未记载前款规定事项之一的，支票无效。

第八十五条　支票上的金额可以由出票人授权补记，未补记前的支票，不得使用。

第八十七条第一款　支票的出票人所签发的支票金额不得超过其付款时在付款人处实有的存款金额。

《支付结算办法》

第一百一十九条　支票的金额、收款人名称，可以由出票人授权补记。未补记前不得背书转让和提示付款。

第一百二十五条　出票人签发空头支票、签章与预留银行签章不符的支票、使用支付密码地区，支付密码错误的支票，银行应予以退票，并按票面金额处以百分之五但不低于1千元的罚款；持票人有权要求出票人赔偿支票金额2％的赔偿金。对屡次签发的，银行应停止其签发支票。

三、支票的转让

除现金支票和用以支取现金的普通支票外的所有支票均可以背书转让，背书人以背书转让支票后，即承担保证其后手付款的责任。背书人在支票得不到付款时，应当向持票人清偿相关的票据金额、利息和费用。

支票仅限于在其票据交换区（同城）内背书转让。

支票被拒绝付款或超过提示付款期限的，不得再背书转让；背书转让的，背书人应当承担票据责任。

四、票据的变造

票据的变造，是指无变更权的人在票据上变更他人所记载的事项的行为。比如，变更付款人名称、付款地等。

只有当变造的记载事项为法律允许变更的记载事项、票据行为人变更他人的签名以外的已记载事项，以及变造的目的在于使用变造后的票据时，才会发生法律上的票据变造效果。

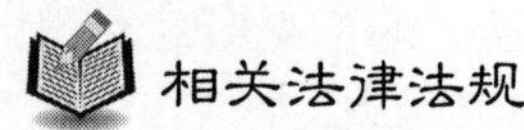

相关法律法规

《中华人民共和国票据法》

第十四条 票据上的记载事项应当真实，不得伪造、变造。伪造、变造票据上的签章和其他记载事项的，应当承担法律责任。

票据上有伪造、变造的签章的，不影响票据上其他真实签章的效力。

票据上其他记载事项被变造的，在变造之前签章的人，对原记载事项负责；在变造之后签章的人，对变造之后的记载事项负责；不能辨别是在票据被变造之前或者之后签章的，视同在变造之前签章。

第九十二条 付款人依法支付支票金额的，对出票人不再承担受委托付款的责任，对持票人不再承担付款的责任。但是，付款人以恶意或者有重大过失付款的除外。

《最高人民法院关于审理票据纠纷案件若干问题的规定》

第四十三条 依照票据法第九条以及《票据管理实施办法》的规定，票据金额的中文大写与数码不一致，或者票据载明的金额、出票日期或者签发日期、收款人名称更改，或者违反规定加盖银行部门印章代替专用章，付款人或者代理付款人对此类票据付款的，应当承担责任。

操作技能实训

实训目的

通过真实案例的操作技能实训，学生能够掌握空白支票的使用规则、处理变造的支票的正确方式，了解支票的法律效力及变造后的法律后果，培养学生正确运用支票使用规则分析、处理支票纠纷的实操技能。

实训形式一——案例讨论、形成分析意见

（一）实训素材

金农农业加工贸易公司委派采购员罗某到某棉区采购棉花，签发支票一张，其“金额”和“收款人”处均授权罗某根据棉区采购的实际情况填写，但明确告知支票的金额最多可以填写50万元，否则将超出公司目前在银行的存款额。支票的用途栏写明“采购棉花”。该公司给罗某出具了明确的法定代表人授权委托书和公司营业执照副本。然而，罗某听信个体户杨某之言，企图利用短短的时间差，先做一笔家电批发生意，赚取相当利润后再赴棉区采购棉花。于是，该二人将支票金额填写为153万元，收款人栏写上杨某的商号，再由杨某以商号名义背书给某五金交电批发公司。他们所购买的家电转手成功后，全部款项被见利忘义的罗某和杨某卷逃。当某五金交电批发公司将杨某提交的支票送银行结算时，因金农农业加工贸易公司账户上存款额不足而被退票。

（二）实训要求

1. 学生分组进行角色扮演，熟悉案例事实并以书面材料的形式分析案例中各主体与空白支票的关系或联系。熟练掌握票据法律对于空白支票的各项规定，以及涉案其他法律的规定。

2. 学生通过角色扮演呈现案例的事实发展，表现空白支票在被使用的不同阶段各主体的行为与处理方式。

3. 总结空白支票符合法律规定的使用规则，结合案例指出签发空白支票可能带来的不利影响，并给出相应的建议。

4. 学生围绕支票是否有效；罗某与杨某应当承担何责任；银行能否对金农农业加工贸易公司处以空头支票的罚款等问题，形成分析意见。

要点指导

1. 该空白支票出票时虽欠缺必要记载事项，但后来经补记，已经具备有效票据的外观，符合支票法律规定，所以该空白支票应当属于有效支票。其补记权被滥用不影响票据的效力。

2. 本案中的空白支票，在票据法学上可以称为“未完成票据”，而罗某则是公司以普通方式授权补记（最后完成签署）之人。但罗某故意签发空头支票，骗取资金，应当依法承担刑事责任，杨某作为同犯应一并追究其刑事责任。另外，在民法上，他们对金农农业加工贸易公司应承担赔偿责任。

3. 银行有权对金农农业加工贸易公司处以空头支票的罚款。《票据法》明确规定禁止签发空头支票。《支付结算方法》中也规定了对空头支票的处罚。

实训形式二——组织模拟法庭对实训案例进行审理

（一）实训素材

2011年6月6日，恒达冷冻机械有限责任公司为偿付借款，签发金额为人民币7500元的某中国银行分行的转账支票一张，记载收款人为长健压缩机有限责任公司并交付。

6月12日，有人持该转账支票到海阳建筑材料有限责任公司购买建筑材料。此时，该转账支票的大小写金额均为人民币17 500元，并且未有任何背书。海阳建筑材料有限责任公司收下支票当日，在背书人与被背书人栏内盖下自己的印章作为背书，再以持票人身份将支票交给某建设银行支行，由该支行于当日通过某工商银行分行从恒达冷冻机械有限责任公司银行账户上划走人民币17 500元，转入海阳建筑材料有限责任公司账户。

同年6月底，恒达冷冻机械有限责任公司与开户银行对账时，发现账上存款短缺1

万元，经双方核查，发现该转账支票金额与存根不同，已被改写。

经协商无果，恒达冷冻机械有限责任公司向法院起诉，诉称该转账支票金额已被涂改，请求确定该票据无效，并判令海阳建筑材料有限责任公司承担经济损失 1 万元。支票金额有涂改痕迹，而两家有关银行都没有按规定严格审查，错划款项，造成原告经济损失，也应承担责任。

海阳建筑材料有限责任公司辩称，其收下支票后经财务人员审核，没有发现有涂改或可疑之处，又是通过银行按正常途径收款的，自己无责任。

某建设银行支行辩称，该银行对转账支票的审核内容为印鉴是否相符、日期是否有效以及大小写金额是否一致，当时经审核后认为该三要素符合。所以该银行不负责任。

某工商银行分行辩称，收票时经多人仔细审阅，亦发现该支票大小写金额均无涂改痕迹，故自己无责任。

法院审理后认为，海阳建筑材料有限责任公司所取得的转账支票字迹被消褪，金额大小写均被变造，根据《中华人民共和国票据法》的规定，该转账支票应为无效票据，持票人因此而取得的利益应予返还。持票人不能证明该票据已经过哪些前手而取得，故造成背书不连续的责任在海阳建筑材料有限责任公司。故法院判决该转账支票无效，判令海阳建筑材料有限责任公司返还因无效票据而取得的利益。

本案所涉刑事犯罪一事，不影响恒达冷冻机械有限责任公司行使票据利益返还的权利。

（二）实训要求

1. 学生组建模拟法庭，分配人员角色各自进行相应诉讼材料的收集、撰写。该案例只进行一审审理，审判提问和相互辩论等侧重票据使用规则和票据关系等票据法律法规的应用。

2. 学生举办模拟法庭，分别作为原告、被告和合议庭等人员，熟悉庭审程序，对各自的主张依法进行辩论，观点鲜明、说理充分，于法有据。

3. 作为原告制作起诉状、证据清单及相关证据材料；代理人准备代理材料。

4. 作为被告制作答辩状、证据清单及相关证据材料；代理人准备代理材料。

5. 作为合议庭成员根据上述案情，结合相关法庭材料进行模拟法庭审理。

要点指导

1. 本案例所涉及的是一起无效的转帐支票利益如何处理的问题。

2. 学生可以从以下几个主要的理论问题展开讨论、辩论和审理：

（1）被变造后的票据的法律效力。

（2）票据背书不连续的法律后果。

（3）有关银行审核票据所应承担的责任的问题。

单 元 六

破产法实训

专项实训一　破产法的效力与作用

一、破产法的效力

（一）破产法的时间效力

《中华人民共和国企业破产法》（以下简称《破产法》）关于破产时间的规定不具有追溯力。

（二）破产法的域外效力

对外国法院作出的发生法律效力的破产案件的判决、裁定，涉及债务人在中华人民共和国领域内的财产，申请或者请求人民法院承认和执行的，人民法院依照中华人民共和国缔结或者参加的国际条约，或者按照互惠原则进行审查，认为不违反中华人民共和国法律的基本原则，不损害国家主权、安全和社会公共利益，不损害中华人民共和国领域内债权人的合法权益的，裁定承认和执行。

（三）破产法的对人效力

我国《破产法》适用于企业法人，例如有限责任公司、股份有限公司和其他取得法人资格的各种类型的企业。国有企业、集体企业、外商投资企业的破产均应适用该法。

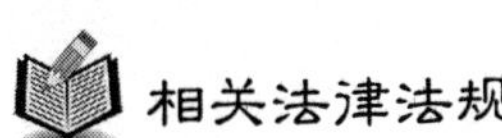

《中华人民共和国企业破产法》

第五条第一款　依照本法开始的破产程序，对债务人在中华人民共和国领域外的财产发生效力。

二、破产法的作用

（一）规范企业破产程序

企业破产法的制定，有利于规范企业破产程序，完善市场优生淘汰机制，实现资源优化整合，保障经济秩序的良好运行。

（二）公平清理债权债务

破产的目的之一就是剥夺不能清偿到期债务的债务人对其全部财产的管理处分权，让全体债权人获得公平受偿的机会。

（三）保障债权人和债务人的利益

破产制度既可以督促债务人及时清理债权债务，当债务人确实不能清偿到期债务时，通过破产使债权人的债权尽可能得以实现；也可以使债务人在不能清偿到期债务的情况下，通过破产，从困境中彻底解脱，寻找重新振兴的机遇。

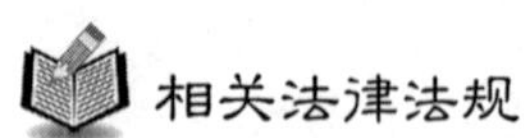
相关法律法规

《中华人民共和国企业破产法》

第一条 为规范企业破产程序，公平清理债权债务，保护债权人和债务人的合法权益，维护社会主义市场经济秩序，制定本法。

第二条 企业法人不能清偿到期债务，并且资产不足以清偿全部债务或者明显缺乏清偿能力的，依照本法规定清理债务。

企业法人有前款规定情形，或者有明显丧失清偿能力可能的，可以依照本法规定进行重整。

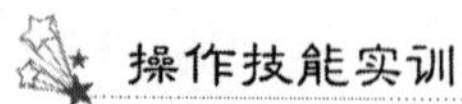
操作技能实训

实训目的

通过案件对破产法的效力进行实训，学生能够对破产法的适用范围有清晰的认识，并且通过该实训的演示，培养学生分析处理破产法律实务的技能。

实训形式一——课堂讨论、写出解答意见书

（一）实训素材

某汽车贸易有限公司于1998年设立，是由甘某某和荣某二人投资设立的有限责任公司。2000年甘某某和蔡某二人签订了公司股权转让的协议，即蔡某将其持有的公司10%的股权转让给甘某某。转让股权后，公司并未办理变更手续。2002年3月，甘某某因病死亡。2003 年因经营管理不善，该公司资产状况日益恶化，不能清偿到期债务，其债权人之一中国农业银行某资产经营部向法院提出申请，要求宣告汽贸公司破产还债。某中院经审查当事人提交的有关材料，作出了裁定：宣告汽贸公司破产还债。

对于该裁定，债权人某农村信用合作社不服，向某省高级人民法院提出申诉称，汽贸公司为私营独资企业，不具备破产企业的主体资格，不能进行破产。请求撤销中级人民法院的民事裁定，驳回债权人中国农业银行某资产经营部的破产申请。

（二）实训要求

1. 学生分组讨论，根据案件材料，依法分析汽贸公司的法律属性是企业法人还是私营独资企业；是否适用破产制度。

2. 学生分组进行案件讨论，应用破产法的基本原理解析案例，并作出各自的解答意见书。

要点指导

根据汽贸公司的公司章程和工商档案记载，汽贸公司为甘某某和荣某两人投资设立的有限责任公司，甘某某和蔡某二人之间关于公司股权转让的协议不能对抗公司章程和公司工商档案的记载，甘某某的死亡亦不影响汽贸公司的独立法人资格，据此，汽贸公司作为独立的企业法人，具备破产的主体资格。中国农业银行某资产经营部的破产申请符合法律规定，原审法院的破产宣告裁定认定事实清楚，适用法律正确，予以维持。申诉人某农村信用合作社的申诉理内不能成立，应予驳回。

实训形式二——课堂讨论、撰写法律意见书

（一）实训素材

1997 年下半年，亚洲金融危机爆发。日本、美国、法国等外资银行为了撤资，纷纷要求广东国际信托投资公司（以下简称广东国投）偿还到期债务。而此时的广东国投因经营管理混乱，已严重资不抵债。为防止金融风险蔓延，国家有关部门决定，对广东国投依法实施破产。1999 年 1 月 11 日，广东国投及其三家全资子公司向广东省高级人民法院提出破产申请。作为全国最大的首例非银行金融机构破产案件，广东国投破产案涉及 490 多个境内外债权人，申报债权高达 467 亿元人民币，其中 80% 以上是涉外债权。该案引起海内外债权人及媒体的高度关注。

广东省高级人民法院的法官坚持依照法律法规、参照国际惯例和公开、透明的司法理念，从最大限度保护债权人的合法权益出发，千方百计提高债权清偿率，在法律适用上创造性地解决了许多疑难问题。在进入司法程序之前，法院就先行解决了广东国投 2 万多名自然人 5.9 亿多元存款兑付和属下 9 家证券营业部 8 万多名股民保证金被挪用的问题；广东省高级人民法院首创了“一带三”的审理模式，即一个母公司和三个全资子公司，分别由广东省高级人民法院、广州市中级人民法院和深圳市中级人民法院审理，从而保证了审理的统一、公正和高效；广东省高级人民法院首次聘请中介机构参与破产清算工作和在债权人会议中设立债权人主席委员会制度，提高了破产清算工作的透明度，打消了境外债权人的疑虑；法院首创债权申报登记审核程序，债权申报人对清算组确认结果有异议的，可由法院审理后依法作出最终裁定；在对外债权的追收上，广东省高级人民法院创造性地将广东国投在省内的对外债权统一指定给债务人所在地的58家法院执行。期间共组织出动执行人员1万多人次，共执行案件280多件，涉及标的金额达180多亿元，极大地提高了债权清偿率；法院依法界定了破产企业投资权益的追收范围，首创基本结案后仍保留清算组的做法，以便继续追收和追加分配破产财产，使债权人的利益得到最大保护。

经过4年多艰苦卓绝的努力，2003年2月28日广东国投破产案最终审结，债权清偿率达到12.52%，而国际上此类大型破产案一般要8年至10年才能审结。2008年年初，广东国投破产债权又追加清偿6亿元，债权清偿比例提高到15.52%。美国企业新闻社中经网评论说："这起新中国成立以来国内最大、最复杂的企业破产案成为破产债权清偿率最高的经典案例。"美国《华尔街日报》评论认为，广东国投宣告破产，标志着中国法治从此进入新纪元。

广东国投破产案作为一个鲜活的案例，其成功审理为我国破产审判实践积累了经验，其中不少做法被此后最高人民法院的司法解释所吸收，并有部分经验被2006年的《破产法》所采纳。

（二）实训要求

1. 学生根据案件资料，分析金融机构能否破产；明确《破产法》的社会调整作用。

2. 分组进行课堂讨论，简化案例，运用破产法律知识分析破产主体的范围，理解《破产法》的作用。

要点指导

1. 本案发生于新《破产法》出台之前，涉及金融机构的破产问题。金融机构包括银行和非银行金融机构，虽然也属于企业，但其在财产形式与构成，以及经营方式上都与一般的企业有较大的不同，这也就决定了金融机构与一般企业的破产会有很大的不同。

2. 关于金融机构的破产原因，我国《破产法》第134条规定："商业银行、证券公司、保险公司等金融机构有本法第2条规定情形的，国务院金融监督管理机构可以向人民法院提出对该金融机构进行重整或者破产清算的申请。"显然，一般企业的破产原因适用于金融机构的破产。但考虑到金融机构破产的特殊性以及接管和重组程序的需要，对于金融机构的破产原因作如此简单的处理，不利于金融机构破产的实际操作。

3. 金融机构的偿债能力，一般从其资本水平上去考察。从资本构成上看，金融机构的资本通常包括产权资本和债务资本。金融机构通常把产权资本称为一级资本或核心资本，把债务资本称为二级资本或从属资本。核心资本是金融机构可以永久使用和支配的自有资金，其构成如下：①实收资本，包括国家资本、法人资本、个人资本、外商资本；②资本公积；③盈余公积；④未分配利润和少数股权。

专项实训二　破产条件

破产的条件如下所示：

1. 债务的清偿期限已届满，且债务人要求清偿。债务的清偿期限未满，不发生债务人的清偿义务，不能认定其是否不能清偿债务。已到期的债务，债权人请求清偿，才会有债务人不能清偿的情形。部分债务未到期的，不影响对债务人能否清偿债务能力的考察。但是，如果债务虽然已经到期，但债权人未要求清偿的，也不构成破产原因。

2. 债务人明显缺乏清偿能力。债务人是否具有清偿能力，与其财产状况、信用程度、知识产权拥有的情况等多种因素相关，不能仅凭其拥有的财产数额来认定，而应对债务人进行综合评价。如有的企业信用好，虽然资产数额小于负债，但其凭借良好的信用，足可使资金快速周转，应付各种债务的清偿，因而不构成不能清偿到期债务。

3. 债务人不能清偿到期债务处于连续状态。企业在经营过程中，受各种因素的影响，有时会发生短期的资金周转不灵的状况，这仅是一种暂时的财务困难。随着企业运转的好转，这种暂时的财务困难会逐步解决。故暂时的、短期的不能清偿不构成不能到期清偿债务。

操作技能实训

实训目的

了解破产法的概念及特征，熟悉破产能力的概念，掌握破产原因的概念及相关理论，培养学生具有运用所学知识分析有关破产法律实务的技能。

实训形式一——法律咨询、撰写分析意见书

（一）实训素材

申请人上海金波大酒家系国有企业法人，1992 年 9 月开业，注册资金人民币 20 万元。2002 年 10 月，申请人与辽宁省营门市鲍鱼圈区新星实业公司（以下简称新星公司）签订承包经营协议。协议规定申请人由新星公司承包经营至 2012 年 10 月 31 日。

随后，新星公司书面全权委托夏某全面负责该大酒家的经营管理。在夏某负责经营期间，经营不善、管理混乱，财务收支严重不平衡。2005 年 7 月，申请人停业，同年 10 月向上海市某区人民法院申请破产还债。

申请人向法院提供的 2005 年 6 月的资产负债表表明，申请人的应收款为人民币 1 940 620. 37 元，但申请人提供的应收款明细表中，应收款仅为人民币 629 654. 23 元，其余人民币 1 310 966. 14 元应收款项无明细记载。而在已知的应收款项人民币 629 654. 23 元中，除去 74 282. 93 元是一些企业或个人就餐签单的餐费外，其余人民币 555 371. 30 元却全部是个人白条借款。其中夏某一人白条借款就达人民币 208 874. 10 元，而徐某白条借款竟达人民币 266 940. 20 元。

（二）实训要求

1. 学生分组讨论，根据案件材料，分析案件的法律关系、法律关系的属性、行为与事实的认定。分析申请人上海金波大酒家是否达到了我国《破产法》规定的破产条件的要求。

2. 学生分组进行咨询活动。运用破产法律知识分析破产条件的具体适用情形并予以解答。

3. 写出分析意见书。

要点指导

1. 申请人破产还债的申请，不符合法律规定的破产条件。

2. 申请人上海金波大酒家虽因管理混乱、经营不善而致亏损和资不抵债直至停业，由于资不抵债并未考虑企业的信用因素，资不抵债并不必然导致不能清偿到期债务。并且申请人提供的材料数据不一致，尚不足以证明其已经不能清偿到期债务。另外，申请人的应收款中，有 55 万元之巨的个人白条借款。这些白条挂账的个人借款，既未作销账处理，申请人也未行使催款权利。这些个人占用的巨额资金，是什么性质尚未查明，不足以证明是一种正常的经营亏损。

实训形式二——课堂讨论、撰写法律文书

（一）实训素材

被申请人某实业公司由其主管部门某贸易公司于 1999 年 3 月 18 日申请开办成立，注册资金 400 万元人民币，企业性质为国有，经营范围为渣土运输、建筑材料、日用品等。该公司于 2001 年下半年停止经营活动，法定代表人去向不明，公司财务及其经营管理人员均离职自谋生路。该公司资产净值 300 万余元，被某中级人民法院另案查封。其主管部门某贸易公司法定代表人亦下落不明。2002 年 1 月 6 日，其实业公司的债权人某工贸公司以某实业公司不能履行到期债务为由，向某区人民法院申请某实业公司破产还债。申请人某工贸公司向受案法院提供的“关于某实业公司 2001 年 8 月 31

日资产、负债、所有者权益的鉴定审计报告”表明，某实业公司账面资产总计 554 万元，负债 261 万元；有 5 笔账外银行借款 1030 万元去向不明，账上既末反映债务情况，又未反映借入资金的使用情况。

某区人民法院立案受理后，经通知债权人申报债权，共有 20 余家债权人申报，申报债权总额 2344 万元，其中银行债权 1786 万元，其他企业和个人债权 558 万元。2002 年 5 月 21 日，某区人民法院主持召开第一次债权人会议，由某市合作银行等 5 家银行在内的 12 家债权人参加会议。该 5 家银行债权数额占总债权额的 60% 以上。债务人某实业公司及其主管部门某贸易公司均因法定代表人下落不明，未列席债权人会议。申请人介绍了某实业公司的审计报告、账外资金去向不明和某实业公司不能履行其到期债务等情况，及要求宣告某实业公司破产还债的理由。到会 12 家债权人中的 7 家（包括 5 家银行）认为，债务人某实业公司除审计报告中所说的 1030 万元借款去向不明外，尚有不少债务未列入审计报告，对这些情况应有个明确的说法，如系非经营性亏损而挪作他用，则债权人的合法权益得不到保护，国有资产将严重流失；现债务人及其主管部门既不出面清算债权债务，又无人对债务资产作出合法解释，故债务人某实业公司目前尚不具有破产还债的条件。该 7 家债权人建议法院终结破产还债程序，并通过公安部门追查账外资金的去向。债权人会议据此决议，不同意某实业公司破产。

据此，某区人民法院认为，占债权人会议有表决权的半数以上的债权人不同意债务人某实业公司破产还债。债务人去向不明的资金占其企业资产的相当比例，且其法定代表人至今下落不明，目前对债务人实施破产，不利于保护债务人的合法权益。根据有关法律规定，该院于 2002 年 7 月 31 日裁定如下：终结某实业公司的破产还债程序，移送某公安分局处理。

（二）实训要求

1. 分组讨论，要求每组学生掌握破产能力制度所涉及的破产条件或破产原因的法律知识，做好实训前的知识准备，同时要求学生彼此之间密切配合，分工明确地处理本组实训中要解决的问题

2. 撰写实训报告，在规定的时间内完成实训。

要点指导

1. 根据《破产法》的规定，企业法人不能清偿到期债务，并且资产不足以清偿全部债务或者明显缺乏清偿能力的，依照本法规定清理债务。

2. 本案中被申请人所欠债务总额为 2344 万元，而其账面资产仅有 554 万元，所负债务超过其资产总额，已经构成资不抵债。而且被申请人所欠债务已经到期，且已被请求偿还。被申请人符合已经资不抵债，不能清偿到期债务的破产条件，可以认定被申请人已经具备破产原因。

专项实训三　破产债权

基本知识

一、债权申报

（一）债权申报

人民法院发布立案通知和公告后，债权人应当依照人民法院的通知或公告向人民法院申报债权。债权人申报债权时，应当书面说明债权的数额和财产担保的情况，并提交有关证据。申报的债权是连带债权的，应当说明。人民法院对有财产担保债权和无财产担保债权的申报，应当分别登记。在人民法院确定的债权申报期限内，债权人未申报债权的，可以在破产财产最后分配前补充申报；但是，此前已进行的分配，不再对其补充分配。为审查和确认补充申报债权的费用，由补充申报人承担。

（二）债权申报的规则

1. 未到期的债权，在破产申请受理时视为到期。附利息的债权自破产申请受理时起停止计息。

2. 附条件、附期限的债权和诉讼、仲裁未决的债权，债权人可以申报。

3. 债务人所欠职工的工资和医疗、伤残补助、抚恤费用，所欠的应当划入职工个人账户的基本养老保险、基本医疗保险费用，以及法律、行政法规规定应当支付给职工的补偿金，不必申报，由管理人调查后列出清单并予以公示。职工对清单记载有异议的，可以要求管理人更正；管理人不予更正的，职工可以向人民法院提起诉讼。

4. 可以由连带债权人中的一人代表全体连带债权人申报债权，也可以共同申报债权。

5. 管理人或者债务人依照《破产法》规定解除合同的，对方当事人以因合同解除所产生的损害赔偿请求权申报债权。

6. 债务人是委托合同的委托人，被裁定适用《破产法》规定的程序，受托人不知该事实，继续处理委托事务的，受托人以由此产生的请求权申报债权。

7. 债务人是票据的出票人，被裁定适用《破产法》规定的程序，该票据的付款人继续付款或者承兑的，付款人以由此产生的请求权申报债权。

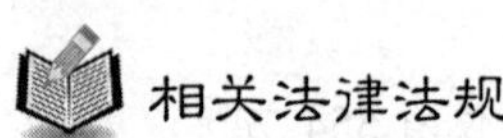
相关法律法规

《中华人民共和国企业破产法》

第四十九条　债权人申报债权时，应当书面说明债权的数额和有无财产担保，并提交有关证据。申报的债权是连带债权的，应当说明。

第五十条 连带债权人可以由其中一人代表全体连带债权人申报债权，也可以共同申报债权。

第五十一条 债务人的保证人或者其他连带债务人已经代替债务人清偿债务的，以其对债务人的求偿权申报债权。

债务人的保证人或者其他连带债务人尚未代替债务人清偿债务的，以其对债务人的将来求偿权申报债权。但是，债权人已经向管理人申报全部债权的除外。

第五十二条 连带债务人数人被裁定适用本法规定的程序的，其债权人有权就全部债权分别在各破产案件中申报债权。

二、债权人会议

（一）债权人会议的概念

债权人会议，是在破产程序进行中，为便于全体债权人参与破产程序以实现其破产程序参与权，维护全体债权人的共同利益而由全体登记在册的债权人组成的表达债权人意志和统一债权人行动的议事机构。

（二）债权人会议的组成及职权

所有依法申报债权的债权人都是债权人会议的成员，有权参加债权人会议，享有表决权。但在特殊情况下，部分债权人的表决权受到限制。债权人会议应当有债务人的职工和工会的代表参加，对涉及职工利益的事项发表意见。

债权人会议行使下列职权：①核查债权；②申请人民法院更换管理人，审查管理人的费用和报酬；③监督管理人；④选任和更换债权人委员会成员；⑤决定继续或者停止债务人的营业；⑥通过重整计划；⑦通过和解协议；⑧通过债务人财产的管理方案；⑨通过破产财产的变价方案；⑩通过破产财产的分配方案；⑪人民法院认为应当由债权人会议行使的其他职权。

（三）债权人会议的召集

按照《破产法》的规定，第一次债权人会议由人民法院召集，自债权申报期限届满之日起 15 日内召开。以后的债权人会议，在人民法院认为必要时，或者管理人、债权人委员会、占债权总额 1/4 以上的债权人向债权人会议主席提议时召开。召开债权人会议，管理人应当提前 15 日通知已知的债权人。

债权人会议设主席 1 人，由人民法院从有表决权的债权人中指定，债权人会议主席主持债权人会议。

（四）债权人会议的决议规则

对于一般决议事项的表决，除《破产法》另有规定的外，债权人会议的决议，由出席会议的有表决权的债权人过半数通过，并且其所代表的债权额占无财产担保债权总额的1/2以上。

对于特殊决议事项的表决，如关于重整计划的决议，应由出席会议的同一表决组的债权人过半数同意重整计划草案，并且其所代表的债权额占该组债权总额的2/3以上的，即为该组通过重整计划草案；关于和解协议，则应由出席会议的有表决权的债权人过半数同意，并且其所代表的债权额占无财产担保债权总额的2/3以上。债权人会议的决议，对于全体债权人均有约束力。债权人认为债权人会议的决议违反法律规定，损害其利益的，可以自债权人会议作出决议之日起15日内，请求人民法院裁定撤销该决议，责令债权人会议依法重新作出决议。

相关法律法规

《中华人民共和国企业破产法》

第五十九条 依法申报债权的债权人为债权人会议的成员，有权参加债权人会议，享有表决权。

债权尚未确定的债权人，除人民法院能够为其行使表决权而临时确定债权额的外，不得行使表决权。

对债务人的特定财产享有担保权的债权人，未放弃优先受偿权利的，对于本法第六十一条第一款第七项、第十项规定的事项不享有表决权。

债权人可以委托代理人出席债权人会议，行使表决权。代理人出席债权人会议，应当向人民法院或者债权人会议主席提交债权人的授权委托书。

债权人会议应当有债务人的职工和工会的代表参加，对有关事项发表意见。

操作技能实训

实训目的

通过本实训，学生能够掌握破产债权的构成、债权申报的程序及债权人会议的相关知识，培养学生运用破产债权的基本原理分析、处理破产法律实务的技能。

实训形式一——分组讨论、撰写案例分析报告

（一）实训素材

原告瑞安市地方税务局（以下简称地税局）诉称：被告生活秀集团有限公司（以下简称生活秀集团）成立于2001年11月27日。2007年6月7日至2007年12月20日，温州市国家税务局对被告2005年1月1日至2006年12月31日期间的涉税情况进行检查，发现被告采取在账簿上少列收入的手段，分别隐瞒2005年度应缴纳增值税销售收入6 983 892.79元、2006年度应缴纳增值税销售收入14 115 926.54

元。此外，被告在2005年、2006年分别未申报不含增值税应税收入8 490 349.13元、10 257 393.59元。按17%税率计算，被告共应被追缴增值税6 774 085.54元。温州市国税局据此作出了温国税处（2009）3号税务处理决定书及温国税罚（2009）3号税务行政处罚决定书，被告未对该两份决定书申请复议或者提起行政诉讼，并于2007年至2009年间补缴了6 774 085.54元的税款，但被告未如实向原告地税局申报所漏税款和补缴税费。2012年9月5日，浙江瑞金铜铝型材有限公司以被告不能清偿到期债务，并且资产不足以清偿全部债务为由，向瑞安市人民法院申请被告破产清算，2012年10月26日，法院受理破产申请，并指定温州诚达会计师事务所担任破产企业管理人。2013年，原告获悉国税部门稽查信息，遂于2013年8月首次向管理人申报债权，后因征收方式变更，于2014年向管理人重新申报债权，并提交了相关依据。管理人以原告申报资料不齐及税率不当为由，不予确认。

（二）实训要求

1. 学生分组讨论，根据案件材料，分析破产债权的构成；分析本案中未出具税收征收决定书的税款是否属于破产债权，管理人能否以原告申报资料不齐及税率不当为由不予确认。

2. 撰写并提交一份案例分析报告，要求观点正确，分析有理有据，表述清楚。

要点指导

1. 依法纳税系每个企业应尽的义务，被告生活秀集团采用少列收入和不申报的方式，少缴应纳税款，属于偷税，税务机关对其追征税款和滞纳金符合《中华人民共和国税收征收管理法》的规定，且不受追征期限限制。

2. 本案涉及的是破产债权的认定问题。根据《破产法》对于破产债权的认定标准分析本案中未出具税收征收决定书的税款是否属于破产债权。

2. 破产企业在破产案件受理前因欠缴税款产生的滞纳金属于普通破产债权，故该案中的滞纳金均为普通债权。

实训形式二——模拟第一次债权人会议情景

（一）实训素材

1993年11月24日，中国农业银行股份有限公司北京顺义支行（以下简称农行顺义支行）与北京万华金属制品总公司（以下简称万华公司）签订担保借款协议书，约定万华公司向农行顺义支行借款人民币400万元，借款期限自1993年11月24日至2000年11月24日。签订该借款合同后，农行顺义支行按约定向万华公司发放了贷款。

1995年12月5日，万华公司经工商管理部门核准变更名称为北京顺义宏利钢管总公司（以下简称钢管总公司）。万华公司及钢管总公司均未按约定偿还借款。

2000 年 11 月 30 日，钢管总公司经北京市顺义区人民法院依法裁定，宣告破产。农行顺义支行在钢管总公司破产清算期间未申报上述债权。

此间，北京顺义宏利钢管有限公司（以下简称宏利公司）向农行顺义支行出具承诺书，载明：现在农行贷款余额为 15 945.7 万元，其中逾期贷款 400 万元，已于 1999 年到期。由于企业资金紧张，近期无法偿还。2000 年我单位利用销售收入、利润、折旧，将偿还全部逾期贷款。

钢管总公司破产后，宏利公司于 2007 年 12 月 4 日向农行顺义支行出具证明，载明：原北京万华金属制品总公司现名称变更为北京顺义宏利钢管有限公司。原北京万华金属制品总公司的债权、债务由北京顺义宏利钢管有限公司承担。

2011 年 5 月 16 日，农行顺义支行向宏利公司发出债务逾期催收通知书，载明：到 2011 年 4 月 30 日止，你单位仍欠我行债务本金 22 976.7 万元及利息 20 968. 888038 万元。债务逾期催收通知书欠款清单中有 3 笔欠款本金为400 万元。同日，宏利公司在债务逾期催收通知书上债务人声明处加盖公章，并载明："已收到你行 2011 年 5 月 16 日签发的债务逾期催收通知书。"

随后，农行顺义支行就本案所涉借款担保协议书项下的 400 万元借款本息，以债务转移合同纠纷为由将宏利公司诉至北京市顺义区人民法院，要求宏利公司给付本息。

（二）实训要求

1. 学生熟悉案件材料，依法分析破产清算期间未申报的债权即逾期未申报债权是否丧失获得债权求偿的权利。

2. 学生模拟第一次债权人会议，熟悉其召开的程序及其主要职能。

3. 学生从公平效益角度判断分析如何平衡债权人与债务人的关系。了解如何通过债权人会议来保护债权人自身合法权益。

要点指导

1. 在人民法院确定的债权申报期限内，债权人未申报债权的，可以在破产财产最后分配前补充申报；但是，此前已进行的分配，不再对其补充分配。为审查和确认补充申报债权的费用，由补充申报人承担。

债权人未依照《破产法》的规定申报债权的，不得依照该法规定的程序行使权利。

2. 逾期未申报债权仅丧失从破产程序中获得债权求偿的权利，其债权本身作为实体权利应予保留，并以自然之债的权利形式存在。如债务人、第三人自愿履行或作出履行承诺而授予债权人请求权，可恢复自然之债的执行力。

专项实训四 破产重整

一、破产重整

重整，又称“司法康复”“更生”“管理程序”。即当具有一定规模的企业出现破产原因或存有出现破产原因的危险性，同时又具有复兴和挽救的可能性时，经利害关系人的申请，在法院裁定批准后，对债务人的生产经营和债权债务关系进行重新整合，使之摆脱困境，挽救濒临破产企业的积极预防性措施。我国《破产法》规定的企业破产重整制度是破产法律制度中的一种重要程序制度，但并非必经程序。

二、破产重整的申请

（一）初始申请

《破产法》第70条第1款规定，债务人或者债权人可以依照本法规定，直接向人民法院申请对债务人进行重整。在这里，债权人和债务人都能以债务人不能清偿到期债务为由提出初始重整申请；但能够以债务人“有明显丧失清偿能力可能”为由提出初始重整申请可能的，只能是债务人自己。

（二）后续重整申请

《破产法》第70条第2款规定，债权人申请对债务人进行破产清算的，在人民法院受理破产申请后、宣告债务人破产前，债务人或者出资额占债务人注册资本1/10以上的出资人，可以向人民法院申请重整。因而，在这里，重整申请所具备的条件是：①人民法院已经受理破产申请；②人民法院受理的是债权人提出的破产申请；③向人民法院提出的破产申请，是以适用破产清算程序为内容的；④人民法院尚未对债务人作出破产宣告的裁定。

三、重整期间

（一）重整期间事务的管理

自人民法院裁定债务人重整之日起至重整程序终止，为重整期间。在重整期间，经债务人申请，人民法院批准，债务人可以在管理人的监督下自行管理财产和营业事务。在重整期间，已接管债务人财产和营业事务的管理人应当向债务人移交财产和营业事务，管理人的职权由债务人行使。管理人负责管理财产和营业事务的，可以聘任债务人的经营管理人员负责营业事务。

（二）重整期间权利行使的限制

在重整期间，对债务人的特定财产享有的担保权暂停行使。但是，担保物有损坏或者价值明显减少的可能，足以危害担保权人权利的，担保权人可以向人民法院请求恢复行使担保权。在重整期间，债务人或者管理人为继续营业而借款的，可以为该借款设定担保。债务人合法占有的他人财产，该财产的权利人在重整期间要求取回的，应当符合事先约定的条件。

在重整期间，债务人的出资人不得请求投资收益分配。在重整期间，债务人的董事、监事、高级管理人员不得向第三人转让其持有的债务人的股权。但是，经人民法院同意的除外。

（三）重整的终止

在重整期间，有下列情形之一的，经管理人或者利害关系人请求，人民法院应当裁定终止重整程序，并宣告债务人破产：①债务人的经营状况和财产状况继续恶化，缺乏挽救的可能性；②债务人有欺诈、恶意减少债务人财产或者其他显著不利于债权人的行为；③由于债务人的行为致使管理人无法执行职务。

四、重整计划草案的表决

（一）表决主体

根据《破产法》的相关规定，下列各类债权的债权人参加讨论重整计划草案的债权人会议，依照下列债权分类，分组对重整计划草案进行表决：①对债务人的特定财产享有担保权的债权；②债务人所欠职工的工资和医疗、伤残补助、抚恤费用，所欠的应当划入职工个人账户的基本养老保险、基本医疗保险费用，以及法律、行政法规规定应当支付给职工的补偿金；③债务人所欠税款；④普通债权。

人民法院在必要时，可以决定在普通债权组中设小额债权组对重整计划草案进行表决。

（二）重整计划草案的表决

人民法院应当自收到重整计划草案之日起30日内召开债权人会议，对重整计划草案进行表决。

出席会议的同一表决组的债权人过半数同意重整计划草案，并且其所代表的债权额占该组债权总额的2/3以上的，即为该组通过重整计划草案。

债务人或者管理人应当向债权人会议就重整计划草案做出说明，并回答询问。

债务人的出资人代表可以列席讨论重整计划草案的债权人会议。重整计划草案涉及出资人权益调整事项的，应当设出资人组，对该事项进行表决。

各表决组均通过重整计划草案时，重整计划即为通过。

五、重整计划的执行

经人民法院裁定批准的重整计划对债务人和全体债权人均有约束力。债权人未依照《破产法》的规定申报债权的，在重整计划执行期间不得行使权利；在重整计划执行完毕后，可以按照重整计划规定的同类债权的清偿条件行使权利。债权人对债务人的保证人和其他连带债务人所享有的权利，不受重整计划的影响。

重整计划由债务人负责执行，人民法院裁定批准重整计划后，已接管财产和营业事务的管理人应当向债务人移交财产和营业事务。

自人民法院裁定批准重整计划之日起，在重整计划规定的监督期内，由管理人监督重整计划的执行。在监督期内，债务人应当向管理人报告重整计划执行情况和债务人财务状况。监督期届满时，管理人应当向人民法院提交监督报告。

六、终止重整计划，宣告债务人破产

债务人不能执行或者不执行重整计划的，人民法院经管理人或者利害关系人请求，应当裁定终止重整计划的执行，并宣告债务人破产。人民法院裁定终止重整计划执行的，债权人在重整计划中作出的债权调整的承诺失去效力。债权人因执行重整计划所受的清偿仍然有效，债权未受清偿的部分作为破产债权。

操作技能实训

实训目的

学生通过情景再现的形式对重整制度进行演绎，从而了解重整制度私权本位和社会本位相调和及程序法和实体法相融合等特点，清楚地掌握《破产法》对重整制度的规定，以及如何运用这些规定使企业实现重整，走向再生之路。

实训形式——模拟法庭

（一）实训素材

广东省肇庆市中级人民法院于2007年6月29日依法裁定受理债权人肇庆市银华网络技术有限公司和肇庆市金叶发展有限公司申请债务人广东风华高新科技集团有限公司（以下简称风华集团）破产还债一案，指定了风华集团清算组为管理人，履行职责。

债务人风华集团在同年7月6日提出重整申请及重整预案，法院于7月11日依法裁定准许债务人风华集团进行重整。10月23日，法院主持召开的第一次债权人会议审核了经管理人审查的债权，后根据风华集团的申请，依法裁定准许风华集团延期三个月提出重整计划草案。2008年1月28日，风华集团第二次债权人会议召开，该次债权人会议通报了债权确认的情况，并对风华集团提交的重整计划草案进行了第一次表决，表决结果为：职工债权组和税款债权组同意该重整计划草案，而担保债权组和普通债权组则未通过。

2008年2月28日，风华集团第三次债权人会议召开，该次债权人会议由担保债权组和普通债权组对上述重整计划草案进行了第二次表决，表决结果为：①对风华集团的特定财产享有担保权的债权组有债权人1名，总债权额为3.24亿元；风华集团管理人发出表决票1张，收回表决票1张；表决结果为“同意由法院依法裁决”，占该表决组债权人数的100%，其所代表的债权额占该表决组债权总额的100%。②普通债权组有债权人29名，其中，有表决权的债权人27名，无表决权的债权人2名；总债权额22.87亿元，其中：有表决权债权额为22.82亿元，无表决权债权额为454万元；风华集团管理人发出表决票24张，收回24张，另有3名债权人未到会，但以书面形式表决；其中：“同意”票20张（含未到会2张书面同意函），占该表决组有表决权债权人数的74.07%，其所代表的债权额占该表决组有表决权债权总额的27.91%；“同意由法院依法裁决”票4张（含未到会1张书面同意票），占该表决组有表决权债权人数的14.81%，其所代表的债权额占该表决组有表决权债权总额的56.48%；“不同意”票3张，占该表决组有表决权债权人数的11.11%，其所代表的债权额占该表决组有表决权债权总额的15.61%。

风华集团在2008年2月29日向法院提出申请，请求批准重整计划草案，终止重整程序，并予以公告。债务人风华集团认为，该重整计划草案经债权人表决，职工债权组和税款组通过，对债务人的特定财产享有担保权的债权组和普通债权组虽未能通过，但大部分金融机构债权人表示同意由法院依法裁决，并没有反对重整计划草案，这主要是由于金融机构系统目前还没有与《破产法》相匹配的相应制度及表决机制，金融机构债权人在法院要求的时间内不能自主作出免除债务人部分债务的决定，因此，即使其同意重整计划草案，也只能表决同意由法院依法裁决，这实质上是对重整计划草案的认同。据此，享有财产担保权的债权组可以视为100%同意重整计划草案；普通债权组中表决“同意”和“同意由法院依法裁决”的债权人数共占该组88.88%，代表该组有表决权债权额的84.39%，符合《破产法》第84条关于“出席会议的同一表决组的债权人过半数同意重整计划草案，并且其所代表的债权额占该组债权总额的2/3以上的，即为该组通过重整计划草案”的规定。

同时，该重整计划草案符合《破产法》第87条的规定，在重整的情况下，中国银行股份有限公司肇庆分行作为唯一享有质押权的债权人，就该质押财产将获得全额清偿；普通债权所获得的清偿比例，不低于其在重整计划草案被提请批准时依照破产清算程序所能获得的清偿比例。

另外，风华集团的出资人依法定程序由肇庆风华发展有限公司变更为肇庆市能源实业有限公司，成为风华集团唯一的股东。作为风华集团的新股东，同意其提出的重整计划草案。

（二）实训要求

1. 学生掌握重整制度所涉及的法律规定，明确破产清算程序如何转化为重整程序；做好重整实训前的知识准备，同时要求学生彼此之间密切配合，分工明确地处理本组实训中需要解决的问题。

2. 学生举办模拟法庭，根据债务人风华集团提出的重整申请及重整预案，依法裁定债务人风华集团是否可以进行重整。

3. 撰写法律文书。

要点指导

1. 根据《破产法》的规定，债务人或者债权人可以依照该法，直接向人民法院申请对债务人进行重整。

债权人申请对债务人进行破产清算的，在人民法院受理破产申请后、宣告债务人破产前，债务人或者出资额占债务人注册资本1/10以上的出资人，可以向人民法院申请重整。人民法院经审查认为重整申请符合《破产法》规定的，应当裁定债务人重整，并予以公告。

2. 风华集团提交批准重整计划草案的申请，符合法律规定的条件，批准重整计划草案，有利于保护债权人的权益，有利于债务人风华集团的重生以及上市公司可持续健康发展，有利于社会的稳定。

实训形式二——课堂讨论、撰写重整计划草案

（一）实训素材

被申请人某科技公司自2004年起连年亏损，现已深陷债务危机，财务状况严重恶化。据该公司于2007年9月30日编制的资产负债表反映：公司资产总计为18 135万元，流动负债为118 734万元，递延所得税负债17万元，合计负债118 751元。另，被申请人对外提供的信用担保总计70 590. 5万元，预计担保债务中将有40 747万元转化为公司的实际负债。综上，被申请人负债总额为159 498万元。另外，被申请人的主要资产均已抵押给债权人。因无法偿还到期债务，债权人纷纷通过司法途径催收债务，查封、冻结甚至轮候查封、冻结了被申请人及其主要控股公司的资产和银行账户。现该公司及其主要控股公司的主要资产已被通过法院拍卖或正在申请拍卖之中。

2007年11月6日，申请人杨某因对被申请人的201万元债权无法得到清偿，向某市中院提出重整申请。11月7日，被申请人致函法院，表示对申请人主张的201万元债权金额无异议，对其提出的重整申请亦无异议。此后，法院通过不同的渠道，征询主要债权人的意见，多数债权人均表示同意被申请人某科技公司重整。

2007年11月16日，法院裁定债务人某科技公司重整。11月20日，法院指定某科技公司破产清算组为管理人。11 月 27 日，法院指定选任的两个中介机构为破产清算组成员，同时指定区政府秘书长等三人为清算组成员。

2007 年 12 月 21 日，法院召开并主持了某科技公司第一次债权人会议，经债权人会议讨论并与某科技公司管理人协商后，对重整计划草案进行了调整。调整后草案的主要内容为：①对劳动债权及税务债权予以全部清偿，对某科技公司欠缴职工债权以外的社会保险费用，参照劳动债权金额清偿；②对某科技公司的特定财产享有担保权的债权人，将特定财产抵偿给债权人，债权人在担保物变现范围内获得全额清偿，同时按该类债权本金的 10% 一次性支付现金；③普通债权人享有的债权本金的 10%，以现金一次性清偿；④所有未获清偿的债权及某科技公司现有的全部资产（已设定担保权的资产除外），由另一公司承债式收购。承债式资产收购完成后，债权人未获清偿的债权数额，由债权人向收购公司主张权利，收购公司以其所有资产向债权人承担责任，某科技公司重整计划执行完毕后，对债权人不再承担清偿责任。

前述偿债资金来源于重组方某实业集团有限公司，该公司已在债权人会议向全体债权人作出承诺：偿债所需全部款项将在法院批准重整计划后两日内支付至管理人账户，由管理人支付给债权人。

（二）实训要求

1. 学生熟悉案件材料，掌握重整制度所涉及的法律知识，明确重整计划应该包括哪些内容。

2. 撰写重整计划草案。

要点指导

根据《破产法》第 80 条、第 81 条的规定，债务人自行管理财产和营业事务的，由债务人制作重整计划草案。

管理人负责管理财产和营业事务的，由管理人制作重整计划草案。

重整计划草案应当包括下列内容：①债务人的经营方案；②债权分类；③债权调整方案；④债权受偿方案；⑤重整计划的执行期限；⑥重整计划执行的监督期限；⑦有利于债务人重整的其他方案。

【附】重整计划草案样本

某公司重整计划草案

某中级人民法院：

债权人会议：

某年某月某日，某市中级人民法院依法受理债权人______的申请对某公司进行破产重整一案，并指定______为管理人。某年某月某日，某中院在《人民法院报》刊发破产重整案件受理公告，公告中同时明确了债权申报事项和《中华人民共和国企业破产法》（以下简称《破产法》）第14条规定的应当载明的其他事项。

某年某月某日，某中院经审查认为：某公司已经不能清偿债权人的到期债务，同时依据管理人提供的某公司资产状况说明：某公司已严重资不抵债，依照《破产法》第71条的规定，裁定某公司进入破产重整程序。重整期间自某中院裁定某公司重整之日起。管理人成立以来，认真履行管理人法定职责，接管了某公司的财产和营业事务。现管理人依据《破产法》第79条的规定，在兼顾债权人、债务人和股东利益的基础上，结合实际情况，制作重整计划草案如下：

（一）偿债资金来源

（二）债权分类

（三）债权调整及受偿方案

（四）重整计划的执行期限和重整计划执行的监督期限

（五）关于重整计划的特别说明

公司管理人：

年　月　日

专项实训五　破产别除权和破产抵销权

一、破产别除权

别除权是指债权人破产宣告前就破产财产所属的特定财产设置了担保权的，享有不依破产清算程序而先于一般破产债权人就担保标的物受清偿的权利。别除权具有下列特征：

1. 别除权是担保物权在破产法上的转化形式。一般债权取得物权法上的保障之后，债权人即可直接对担保标的物的价值行使权利，且此种权利具有优先性和排他性。由于其权利在破产法上行使的特点，才赋予其别除之名。

2. 就权利对象而言，别除权是对破产人设定担保的特定财产所享有的权利。无论担保物的设定是为破产人自己的债务担保，还是为他人的债务担保，只要有特定的担保财产，即可构成破产法上的别除权。别除权的设定应当在破产宣告之前，为防止临近破产宣告时恶意担保的设定，债务人于破产案件受理前至破产宣告之日对于原已存在但无设置财产担保的债权追加提供财产担保的，不构成破产法上的别除权。

3. 别除权的行使受破产程序的约束。破产程序事关债务人的存续与否，而别除权的行使又直接威胁着债务人的财产构成甚至影响着破产人能否获得和解机会，加之为防止破产财产的流失考虑，立法和司法解释要求，别除权人也须参加债权申报，接受债权调查，并且在破产案件受理后至破产宣告前，非经人民法院同意不得行使优先权。

二、破产抵销权

破产抵销权是指破产债权人在破产申请受理前对债务人负有债务的，无论债的种类和到期时间，可以在清算分配前以破产债权抵销其所负债务的权利。破产抵销制度是破产债权只能依破产程序受偿的例外。由于破产抵销权能使债权人得到优于破产分配的结果，因此，破产抵销权的行使不仅关系到破产抵销权人的利益，而且关系到破产财产及全体债权人得利益。为了防止破产抵销权被滥用，从而损害其他债权人的合法权益，破产抵销权的行使应该受到一定限制。

破产法上的抵销权比民法上的抵销权对当事人具有更为重要的意义，在抵销的范围内实际起到担保的作用。在正常的民事活动中，当事人双方均有支付能力，民法上的抵销权主要是为双方当事人节省结算时间和费用，担保的作用并不明显。而在破产程序中，如无抵销权的设置，破产债权人对破产人享有的债权，因破产人无力清偿，只能得到一定比例的偿还，甚至得不到偿还。

相关法律法规

《中华人民共和国合同法》

第九十九条 当事人互负到期债务，该债务的标的物种类、品质相同的，任何一方可以将自己的债务与对方的债务抵销，但依照法律规定或者按照合同性质不得抵销的除外。

当事人主张抵销的，应当通知对方。通知自到达对方时生效。抵销不得附条件或者附期限。

第一百条 当事人互负债务，标的物种类、品质不相同的，经双方协商一致，也可以抵销。

《中华人民共和国企业破产法》

第四十条 债权人在破产申请受理前对债务人负有债务的，可以向管理人主张抵销。但是，有下列情形之一的，不得抵销：

（一）债务人的债务人在破产申请受理后取得他人对债务人的债权的；

（二）债权人已知债务人有不能清偿到期债务或者破产申请的事实，对债务人负担

债务的；但是，债权人因为法律规定或者有破产申请一年前所发生的原因而负担债务的除外；

（三）债务人的债务人已知债务人有不能清偿到期债务或者破产申请的事实，对债务人取得债权的；但是，债务人的债务人因为法律规定或者有破产申请一年前所发生的原因而取得债权的除外。

第一百零九条 对破产人的特定财产享有担保权的权利人，对该特定财产享有优先受偿的权利。

第一百一十条 享有本法第一百零九条规定权利的债权人行使优先受偿权利未能完全受偿的，其未受偿的债权作为普通债权；放弃优先受偿权利的，其债权作为普通债权。

操作技能实训

实训目的

通过本实训使学生理解别除权与其他破产债权的关系，掌握别除权适用的条件，各方当事人在破产清算中的权利和义务及其所得，掌握破产财产分配方案的撰写，应如何兼顾各方主体利益，以及各方利益主体的清偿顺序，训练学生对法律知识的实际操作能力和理论知识应用能力。

实训形式一——法律咨询

（一）实训素材

某钢铁厂是一家县办的城镇集体企业，1980 年，在原县造纸厂的基础上转产筹建。1990 年建成投产，占地面积 250 亩，房屋建筑面积 4 万余平方米，职工 1094 人。自 2003 年开始，由于国家调整产业结构，冶金行业逐步萧条，企业资金严重不足，生产经营陷入困境，亏损严重，负债过高，官司缠身，2006 年 7 月被迫停产。企业累计亏损 2500 万元，总负债 1.618 亿元，资产负债率 5123%，已届经营亏损、资不抵债、不能清偿到期债务的企业。

2007 年某钢铁厂向主管的某县工业局提出破产还债申请，县工业局于 2007 年 4 月 15 日下发文件同意某钢铁厂破产还债，并上报县人民政府审批。县人民政府于 2007 年 6 月 6 日批复同意某钢铁厂破产还债。

2007 年 6 月 16 日，某钢铁厂向所在县人民法院申请破产还债，该院请示某市中级人民法院，中级人民法院指定该案由县人民法院受理。该院遂于同年 7 月 7 日立案受理某钢铁厂申请破产还债案。受理后，依法组成合议庭，及时裁定成立清算组，并发布公告通知债权人在法定期限内申报债权，公告召开第一次债权人会议的时间、地点、内容。2007 年 11 月 2 日法院召开第一次债权人会议，确认债权人 154 家，债权总额为 1.5 亿元，裁定宣告某钢铁厂正式进入破产还债程序。同时，宣布由无财产担保的最大债权人县财政局为债权人会议主席。

经查，某钢铁厂截至2000年3月份从银行借款33笔，共9283万元，33笔贷款均为抵押借款合同，但其中32份合同中的抵押条款不清，抵押物不明确，无抵押清单，无登记。仅有一份1997年8月18日钢铁厂与某农行签订的自1996年12月31日起至1997年12月31日止的借款金额为2000万元的合同，以钢铁厂的房屋设置抵押，并向县房管处进行了抵押物登记。进入破产程序后，农行向清算组申报债权，清算组出具的债权登记证明：县农行债权额为9283万元，有财产担保1.1亿元。第一次债权人会议确认了宜良县农行的债权总额9283万元（担保贷款）。2000年3月该债权转让给中国某资产管理公司某办事处。

在破产清算过程中，清算组对破产企业的债权债务进一步清理核实，法院发现，农行的债权涉及抵押担保的登记出现错误，与客观事实不相符合。因此清算组以证据证实的客观事实为依据，向法院提出书面申请，请求重新确认中国某资产管理公司的优先受偿权。法院依清算组提出的申请，在破产程序中启动民事诉讼程序，将清算组的申请送达债权人中国某资产管理公司某办事处，在收到该办事处的书面回复后，依法组成合议庭并通知双方开庭进行审理。

（二）实训要求

1. 学生学习熟悉别除权与其他破产债权的关系，别除权适用的条件，各方当事人在破产清算中的权利和义务及其所得。

2. 学生组织法律咨询，一方就中国某资产管理公司对某市钢铁厂全部债权是否享有别除权提出咨询，另一方作出解答，解答要清楚，有理有据，观点明确。

3. 撰写分析意见书。

要点指导

中国某资产管理公司某办事处对清算组提出重新确认别除权，即抵押物依法办理了登记手续的部分为有效抵押，其余为无效抵押的申请，无异议。依照《中华人民共和国民事诉讼法》第101条、第103条，最高人民法院《关于审理企业破产案件若干问题的规定》第50条、第71条之规定，确认某钢铁厂破产清算组提出的对中国资产管理公司某办事处债权中部分别除权有效，其余债权为一般债权的申请合法。

实训形式二——课堂讨论

（一）实训素材

中国农业银行股份有限公司上海市分行（以下简称上海农行）与上海金源国际经贸发展有限公司（以下简称金源公司）之间具有贷款、海外代付融资等业务关系，金源公司遂向上海农行出具确认书，确认上海农行对其享有债权，且尚有部分债务未偿还。在金源公司出具确认书之前，另案法院曾受理佳宝控股集团有限公司（原纵横控股集团有限公司，以下简称纵横公司)、浙江佳宝聚酯有限公司（以下简称聚酯公司)、浙江佳宝高仿真化纤有限公司（以下简称高仿真公司）等6公司破产重整一案。其中，在另案法院批准的重整计划草案中，明确指出：“除破产费用和共益债务先予清偿外，对职工债权、就纵横公司等6公司的特定财产享有担保权的债权均100%受偿，部分债权由担保人直接清偿，且担保人放弃对纵横公司等合并重整6公司的追偿权，普通债权按28%的比例分2期进行清偿。”

在纵横公司等破产重整程序中，金源公司作为债权人依法申报了债权，双方对无异议的债权进行了确认。与此同时，上海农行亦以债权人身份向破产管理人申报了担保债权。后上海农行与金源公司签订权利质押合同，约定：金源公司为了履行双方签订的6份借款合同，将其对纵横公司、聚酯公司、高仿真公司拥有的应收账款作质押担保。权利质押合同签订次日，双方在中国人民银行征信中心处就质押合同项下的应收账款问题办理了应收账款质押登记手续。此后，上海农行向纵横公司等公司的破产管理人发函，请求破产管理人书面同意将金源公司质押的应收账款直接划付到上海农行的指定账户。破产管理人则回函指出：当重整计划草案经法院批准且金源公司可受偿债权未被冻结、查封时，其可在获得金源公司同意转变支付方式的指示后，将金源公司实际可清偿部分金额划付到指定账户中。

后因纵横公司曾为金源公司向银行贷款提供过担保并依照重整计划向债权银行履行了清偿责任，纵横公司遂提起诉讼请求判令金源公司支付其代偿的担保债权。法院经审理作出金源公司向纵横公司偿付该款项的生效判决。因金源公司拒不履行生效判决，纵横公司遂申请强制执行。法院在执行过程中将金源公司的应付款项划付，并代为保管该款项。

上海农行以其享有应收账款质权为由，提起诉讼，请求判令纵横公司、聚酯公司、高仿真公司按照28%的比例向其支付款项，金源公司协助其实现质押权利。

金源公司辩称：对上海农行诉称的事实和理由都予以认可；到目前为止，本公司与佳宝公司、聚酯公司、高仿真公司之间的债权债务确认还未最终完成。

佳宝公司、聚酯公司、高仿真公司辩称：上海农行只享有优先受偿权，无权直接要求其付款；其对金源公司有法定抵销事由，且担保追偿权应当优先于上海农行与金源公司之间的质押权利；上海农行与金源公司签订的质押合同是以合法形式掩盖非法目的的合同，应当认定无效；上海农行基于质权要求其付款，该请求不符合《破产法》中关于破产债权的规定，应为无效请求。故请求驳回上海农行对其的诉讼请求。

（二）实训要求

1. 学生熟悉《破产法》的规定，分组讨论：债务人对担保人享有债权，而担保人亦为债务人对外借款提供担保，此后担保人在破产重整程序中分别向债务人和被担保人承担清偿责任时，担保人可否主张债务抵销。

2. 根据案件材料，讨论纵横公司是否可以主张抵销权，如何行使抵销权？

要点指导

纵横公司等6公司进行破产重整后，上海农行和金源公司已经分别作为债权人向破产管理人申报了债权。纵横公司在根据法院依法批准的破产重整计划分别向上海农行和金源公司承担清偿责任时，应当认定纵横公司对上海农行和金源公司的债务清偿比例和清偿时间均为一致，而且纵横公司向上海农行清偿担保债务后，即产生担保追偿权。据此，可以确定纵横公司与金源公司确实互负到期债务。纵横公司主张抵销债务的前提条件已经成就。由于纵横公司已经以诉讼的方式向金源公司行使了担保追偿权，法院亦根据纵横公司的申请予以执行，该情形视为纵横公司主张抵销时，已经通知了金源公司。因此，纵横公司享有抵销权。

专项实训六　破产财产的清算与分配

一、破产清算程序的启动

（一）破产宣告是进入破产清算程序的标志

破产宣告是指人民法院依照《破产法》的规定，根据当事人的申请，裁定确认债务人符合法律规定能够的破产原因，宣布债务人进入破产清算程序，清偿债务并予以公告的司法活动。破产宣告是破产程序开始的标志，人民法院受理破产案件后，破产程序就开始，但人民法院可以通过破产和解、破产重整程序，使债务人与债权人就债务清偿达成协议，避免债务人被宣告破产。另外，当出现《破产法》第108条规定的破产宣告的障碍时，人民法院应当裁定终结破产程序，并予以公告。应当注意，法院一旦进行破产宣告，标志着破产案件无可逆转地进入了清算程序。

（二）启动清算程序的机构只能是人民法院

破产清算的性质为法庭内的清算，是司法行为，是法院的专属司法权，只有法院才有权启动破产清算程序，其他任何机构，如立法机构、行政机构、检察机构、仲裁机构都没有权力对任何债务人进行破产清算。

（三）破产清算的情形

1. 债务人不能清偿到期债务，并且资产不足以清偿全部债务或者明显缺乏清偿能力，人民法院认定债务人具备破产宣告原因的。

2. 债务人进入了破产重整程序，但在重整期间出现了法定事由，而由人民法院宣告债务人破产。这些法定事由包括：①债务人的经营状况和财产状况继续恶化，缺乏挽救的可能性；②债务人有欺诈、恶意减少企业财产或者其他显著不利于债权人的行为；③由于债务人的行为致使管理人无法执行职务的。

3. 债务人进入了破产重整程序，但是债务人或代理人未能在法定期限内提出重整计划草案。

4. 重整计划未获通过，并且人民法院没有强制批准计划。参加重整计划草案表决的各表决组通过重整计划草案，重整计划即为通过；同时，如果部分表决组未通过重整计划草案，但重整计划草案符合法定条件，法院可以根据债务人或者管理人的申请强制批准重整计划草案。如果上述条件均未满足，人民法院就应当宣告债务人破产。

5. 债务人不能执行或者不执行重整计划，人民法院经利害关系人申请，裁定终止重整计划的执行，并宣告债务人破产。

6. 和解协议草案经债权人会议表决没有通过或者债权人会议通过的和解协议未获得法院认可的，人民法院宣告债务人破产。

7. 和解协议是因为债务人的欺诈或者其他不法行为而成立的，该协议无效，人民法院应当宣告债务人破产。

8. 债务人不按或者不能按和解协议规定的条件清偿债务，人民法院根据和解债权人的申请宣告债务人破产。

二、破产清算程序及流程

（一）破产财产的变价

1. 人民法院应当以裁定的形式宣告债务人破产。

2. 破产财产的确认及变价。破产申请受理时属于债务人的全部财产，以及破产申请受理后至破产程序终结前债务人取得的财产，为债务人财产。企业法人的财产在破产申请受理后至破产宣告前被称为“债务人财产”，在破产宣告后则被称为“破产财产”。

破产财产是一种广义的财产，既包括有形财产，也包括无形财产，还包括财产权利。故破产财产是用于破产分配的可以实现的财产。破产财产包括：①宣告破产时破产企业经营管理的全部财产。②破产企业在破产宣告后至破产程序终结前取得的财产。③应当由破产企业行使的其他财产权利。

变价出售破产财产应当通过拍卖进行。但是，债权人会议另有决议的除外。

破产企业可以全部或者部分变价出售。企业变价出售时，可以将其中的无形资产和其他财产单独变价出售。按照国家规定不能拍卖或者限制转让的财产，应当按照国家规定的方式处理。

3. 破产债权的确认、分类。破产债权是破产宣告前成立的不享有优先受偿权的、可以强制执行的债权。

（1）破产债权的范围：①普通破产债权。一是破产宣告前无财产担保的债权；二是破产宣告前发生的虽有财产担保但是债权人放弃优先受偿的债权；三是破产宣告前发生的虽有财产担保但是债权数额超过担保物价值部分的债权；四是债务人的保证人代替债务人清偿债务后依法可以向债务人追偿的债权；五是票据出票人被宣告破产，付款人或者承兑人不知其事实而向持票人付款或者承兑所产生的债权；六是清算组解除合同，对方当事人依法或者依照合同约定产生的对债务人可以用货币计算的债权；七是债务人的受托人在债务人破产后，为债务人的利益处理委托事务所发生的债权；八是债务人发行债券形成的债权。②其他破产债权。债务人所欠的劳动者补偿金、职工工资和劳动报酬、非正式职工的劳动报酬、职工集资款均为破产债权。

（2）不属于破产债权的债权范围：①以财产作为担保物的债权，即别除权，是指债权人破产宣告前就破产财产所属的特定财产设置了担保权的，享有的不依破产清算程序先于一般破产债权人就担保标的物受清偿的权利。②惩罚性质的债权，即行政、司法机关对破产企业的罚款、罚金以及其他有关费用，包括人民法院受理案件后债务人未支付应付款项的滞纳金，以及债务人未执行生效法律文书应当加倍支付的迟延利息和劳动保险金的滞纳金。③破产程序开始后的债权，即破产宣告后的债务利息和债权人参加破产程序所支出的费用。④股东的投资权益。⑤丧失强制执行效力的债权，即超过诉讼时效的债权。⑥政府无偿拨付给债务人的资金不属于破产债权。但财政、扶贫、科技管理等行政部门通过签订合同，按有偿使用、定期归还原则发放的款项，可以作为破产债权。

4. 破产费用和共益债权的确认、估价和优先受偿。破产费用是指在破产程序中为全体债权人共同利益而支付的旨在保障破产程序顺利进行所必需的程序上的各项费用的总称。主要包括三类：破产案件的诉讼费用；管理、变价和分配债务人财产的费用；管理人执行职务的费用、报酬和聘用工作人员的费用。

共益债务是指人民法院受理破产申请后，为全体债权人的共同利益而管理、变价和分配财产过程中产生的债务。共益债务，包括因管理人或者债务人请求对方当事人履行双方均未履行完毕的合同所产生的债务；债务人财产受无因管理所产生的债务；因债务人不当得利所产生的债务；为债务人继续营业而应支付的劳动报酬和社会保险费用以及由此产生的其他债务；破产管理人或者相关人员执行职务致人损害所产生的债务；债务人财产致人损害所产生的债务。

破产费用和共益债务由债务人财产随时清偿。债务人财产不足以清偿所有破产费用和共益债务的，先行清偿破产费用。债务人财产不足以清偿所有破产费用或者共益债务的，按照比例清偿。债务人财产不足以清偿破产费用的，管理人应当提请人民法院终结破产程序。人民法院应当自收到请求之日起15日内裁定终结破产程序，并予以公告。

5. 破产财产分配方案。破产财产分配方案应当载明下列事项：参加破产财产分配的债权人姓名和住所，参加破产财产分配的债权额，可供分配的破产财产数额，破产财产分配的顺序、比例及数额，实施破产财产分配的方法。破产财产分配方案须经债权人会议讨论通过，人民法院裁定批准确认。

6. 破产财产进行分配。破产财产的分配是指破产管理人依照法定的清偿顺序和程序，将变价后的破产财产分配给债权人的过程。

（二）破产财产的分配

破产财产的分配是破产清算的最后阶段，破产财产的分配是破产清算的首要目标，分配结束是破产程序终结的原因之一。

1. 破产财产的清偿顺序。破产财产在优先清偿破产费用和共益债务后，依照下列顺序清偿：

（1）破产人所欠职工的工资和医疗、伤残补助、抚恤费用，所欠的应当划入职工个人账户的基本养老保险、基本医疗保险费用，以及法律、行政法规规定应当支付给职工的补偿金。

（2）破产人欠缴的除前项规定以外的社会保险费用和破产人所欠税款。

（3）普通破产债权。

破产财产不足以清偿同一顺序的债权的，按照比例分配。破产企业的董事、监事和高级管理人员的工资按照该企业职工的平均工资计算。

2. 特殊情况下为受领债权分配额的提存。

（1）对于附生效条件或者解除条件的债权，管理人应当将其分配额提存。提存的分配额，在最后分配公告日，生效条件未成就或者解除条件成就的，应当分配给其他债权人；在最后分配公告日，生效条件成就或者解除条件未成就的，应当交付给债权人。

（2）债权人未受领的破产财产分配额，管理人应当提存。债权人自最后分配公告之日起满2个月仍不领取的，视为放弃受领分配的权利，管理人或者人民法院应当将提存的分配额分配给其他债权人。

（3）破产财产分配时，对于诉讼或者仲裁未决的债权，管理人应当将其分配额提存。自破产程序终结之日起满2年仍不能受领分配的，人民法院应当将提存的分配额分配给其他债权人。

（三）破产程序的终结

破产程序的终结是指人民法院受理破产案件后，由于法定事由的出现，人民法院根据管理人的申请或依职权裁定结束破产程序，从而使破产程序归于终结。

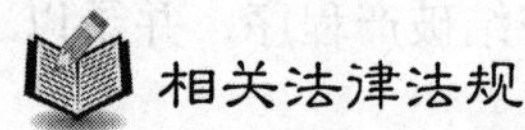

相关法律法规

《中华人民共和国企业破产法》

第四十一条 人民法院受理破产申请后发生的下列费用，为破产费用：

（一）破产案件的诉讼费用；

（二）管理、变价和分配债务人财产的费用；

（三）管理人执行职务的费用、报酬和聘用工作人员的费用。

第一百零七条 人民法院依照本法规定宣告债务人破产的，应当自裁定作出之日起五日内送达债务人和管理人，自裁定作出之日起十日内通知已知债权人，并予以公告。

债务人被宣告破产后，债务人称为破产人，债务人财产称为破产财产，人民法院受理破产申请时对债务人享有的债权称为破产债权。

第一百零八条 破产宣告前，有下列情形之一的，人民法院应当裁定终结破产程序，并予以公告：

（一）第三人为债务人提供足额担保或者为债务人清偿全部到期债务的；

（二）债务人已清偿全部到期债务的。

第一百零九条 对破产人的特定财产享有担保权的权利人，对该特定财产享有优先受偿的权利。

第一百二十条 破产人无财产可供分配的，管理人应当请求人民法院裁定终结破产程序。

管理人在最后分配完结后，应当及时向人民法院提交破产财产分配报告，并提请人民法院裁定终结破产程序。

人民法院应当自收到管理人终结破产程序的请求之日起十五日内作出是否终结破产程序的裁定。裁定终结的，应当予以公告。

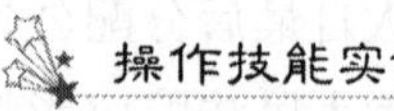

操作技能实训

实训目的

通过本实训使学生了解各方当事人在破产清算中的权利和义务及其所得，掌握破产财产分配方案应如何兼顾各方主体利益，以及各方利益主体的清偿顺序，训练学生对法律知识的实际操作能力和理论知识应用能力。

实训形式一——课堂讨论、撰写破产清算分配方案

（一）实训素材

2006年5月，某市某服装厂被法院宣告破产。清算组对该厂的财产进行了清理，查清了服装厂的资产以及负债情况：

1. 服装厂的总资产为2400万元（变现价值）。其中：有8处房产，领有1~8号产权证。其中1、2、3号房产已于2004年2月1日被服装厂在向工商银行借款150万元时用于抵押，该3处房产变现价值为200万元；有3辆汽车是从兄弟单位借来的，3辆汽车的变现价值为100万元；有共青团、工会经费所购置的价值5万元的财产；有未到期债权20万元。

2. 服装厂的负债总额为2600万元，其中税款320万元，职工工资和劳动险费350万元，为维持生产经营向职工筹借款项100万元，对其他债权人负债1830万元。服装厂的其他债权人有8个：除工商银行外，还有债权人甲为交通银行，拥有350万元债权；债权人乙、丙、丁为企业，各拥有200万元债权；债权人戊、乙为商业企业，各拥有300万元债权；债权人庚为个体户，拥有130万元债权。

3. 服装厂在破产还债程序中支付的破产费用为150万元。

另外，法院查清在法院受理此案后的5天内，有15户债权人通过从服装厂拿走商品或者抓紧时间从银行办理托收货款手续等方式，使自己的债权得以清偿，总金额为20万元。

法院还了解到：服装厂曾在法院对该厂破产立案前3个月时，给该厂8位领导每人无偿分发衣服一件，并以皮衣进价的5成出售给该厂每个职工一件，因此造成资产流失12万元。针对上述情况，服装厂、债权人、管理人和法院产生了不同的意见。

（二）实训要求

1. 学生掌握破产清算制度所涉及的法律知识，做好实训前的知识准备，同时要求学生彼此之间密切配合，分工明确地处理实训中需要解决的问题。

2. 学生分组讨论，根据案件材料，分析法院立案后，服装厂清偿债务的行为是否有效；法院立案前服装厂向本厂领导、职工分发、销售皮衣的行为是否有效；涉案1、2、3号房产是否属于破产财产。

3. 学生围绕破产企业职工的安置问题以及土地使用权的转让所得是否可以作为破产财产，纳入债务清偿程序的问题进行辩论。

4. 依《破产法》规定的破产财产的清偿顺序，分析服装厂是否应当先清偿欠职工的债、有财产抵押的债和银行的债，然后再清偿其他债。

5. 撰写破产清算分配方案。

要点指导

1. 本案主要涉及企业破产后，哪些行为属于破产无效行为、破产财产的范围、破产财产的分配顺序以及破产企业职工的安置问题。

2. 本案中服装厂在法院立案前3个月时给每位领导无偿分发一件皮衣，属于无偿转让破产财产行为；以进价的五成出售给每个职工皮衣一件，属于以明显不合理的价格进行交易的行为。法院受理此案后5天内对15户债权人的清偿，则属于对没有财产担保的债务提供财产担保的行为。这些行为都是无效行为，法院应当依法采取措施追回上述财产，并入破产财产。

3. 本案中服装厂总资产中1、2、3号房产已经抵押给工商银行，应当优先进行清偿；共青团、工会经费所购置的5万元财产也不能作为破产财产；服装厂总资产中的3辆汽车为借来物，应当还给物主，也不属于破产财产。20万元未到期债权则属于破产财产范围。

4. 破产财产的分配顺序问题。依据《破产法》第113条的规定：破产财产在优先清偿破产费用和共益债务后，依顺序清偿。本案中服装厂的所有财产应当按照比例分配给债权人。向职工筹借的款项只能作为普通债权进行清偿，不属于"给职工的补偿金等其他费用"，不应优先清偿。银行的债权中，工商银行享有财产担保，对其应该优先清偿，而交通银行并没有任何财产担保，也没有其他可以优先受偿的情形，所以其债权应作为普通债权进行清偿。

【附】法律文书样本

破产清算方案格式

一、财产状况

1. 现金：①库存现金；②银行存款。
2. 非现金财产：①固定资产变价；②流动资产变价。
3. 债权：①收取金钱债权；②收取非金钱债权变价。
4. 财产总计。

二、公司股东持股状况

1. 优先股。
2. 普通股。

三、债务状况

1. 清算费用。
2. 职工工资。
3. 基本养老及医疗保险费。
4. 税金。
5. 失业及工伤保险费。

6. 债务总计。

四、分配方案

1. 变价后共有现金。
2. 清偿债务。
3. 支付优先股东。
4. 结余。

实训形式二——法律咨询、制作破产申请书

（一）实训素材

甲公司破产进入清算程序，其财产状况如下；欠职工 A 工资及基本医疗保险费总额 12 万元；欠职工 B 伤残补助费 6 万元；欠已故职工 D 的家属抚恤费 6 万元；欠国税 10 万元；欠地税 9 万元；欠乙公司破产财产估价费 2 万元；诉讼费用 1000 元；欠丙公司货款 5 万元；欠银行有担保贷款 70 万元（以其固定资产抵押，价值 30 万元）；因破产管理人执行职务致 E 受伤，欠医药费等共 5 万元；欠职工 F 工资、基本医疗及养老保险费用共计 5 万元，失业保险费用 2 万元，工伤保险费用 5 万元。

（二）实训要求

1. 学生熟悉案件材料，分析甲公司所欠的债务及其债务性质。思考在破产程序中作为管理人应如何依法偿还甲公司所欠的债务。

2. 学生分组进行法律咨询实训，一方为咨询者，另一方依法解答，解答问题应观点清晰，有事实与法律依据。

3. 撰写破产申请书，格式要规范。

要点指导

1. 依据《破产法》的规定，分析本案中甲公司所欠债务的性质：破产费用、共益债务、普通破产债权、所欠税款及职工的费用。

2. 在破产程序中管理人应按照《破产法》第 43 条、第 113 条的规定进行清偿：破产费用和共益债务由债务人财产随时清偿。破产财产在优先清偿破产费用和共益债务后，依照下列顺序清偿：

（1）破产人所欠职工的工资和医疗、伤残补助、抚恤费用，所欠的应当划入职工个人账户的基本养老保险、基本医疗保险费用，以及法律、行政法规规定应当支付给职工的补偿金。

（2）破产人欠缴的除前项规定以外的社会保险费用和破产人所欠税款。

（3）普通破产债权。

破产财产不足以清偿同一顺序的清偿要求的，按照比例分配。

【附】法律文书样本

破产申请书

申请人：
被申请人：
申请目的：
事实和理由：

附录：

此致
××市××区人民法院

申请人：
法定代表人：
年　月　日

附 录

一、考核方式与标准

考核采取考查方式，每个专项实训训练考核总评采取100分制，60分以上为合格。

每个专项实训考核按单项训练内容进行考核，考核贯穿于整个教与学的过程，考核的内容包括训练前的资料准备情况、实际操作技能表现和实训学习态度等方面。

主要考核项目、考核方式和考核标准

考核项目	考核能力	考核标准与成绩评定	成绩比例
公司法律实务	处理公司法律实务操作技能	见评价表	20%
证券法律实务	处理证券法律实务操作技能	见评价表	20%
保险法律实务	处理保险法律实务操作技能	见评价表	20%
票据法律实务	处理票据法律实务纠纷能力	见评价表	20%
破产法律实务	处理破产法律实务操作技能	见评价表	20%

专项实训______：处理______法律实务的技能评价表

专业：　　　　姓名：　　　　学号：　　　　年　月　日

序号	测试内容及要求	分值	作业文本	得分	指导老师
1	•对与案件相关的______法律法规知识掌握的情况（15分） •其他相关法律知识掌握的情况（5分）	20分			
2	•证据客观性、合法性、关联性分析判断准确（10分） •对证据所要证明事实的把握准确清楚（10分）	20分	如： 证据清单		
3	•制作的相关法律文书，或制作的案件分析报告，符合要求（10分） •诉讼主张明确、陈述事实清楚、理由充分（20分） •行文通顺、流畅（10分）	40分	如： 起诉状 答辩状 代理词 判决书 分析报告		
4	•言语表达清楚、辩论准确、思路清晰、仪表仪态端庄	10分			
5	•学习态度严谨、认真、负责、守纪	10分			
合计		100分			

二、合伙协议样式

合伙协议书

______合伙协议

第一章 总则

第一条 根据《中华人民共和国合伙企业法》（以下简称《合伙企业法》）、《中华人民共和国合伙企业登记管理办法》（以下简称《合伙企业登记管理办法》）及有关法律、行政法规、规章的有关规定，经全体合伙人协商一致，订立本协议。

第二条 本企业为__________，是根据协议自愿组成的共同经营体。全体合伙人愿意遵守国家有关的法律、法规、规章，依法纳税，守法经营。

第三条 本协议条款与法律、行政法规、规章不符的，以法律、行政法规、规章的规定为准。

第四条 本协议经全体合伙人签名、盖章后生效。合伙人按照合伙协议享有权利，履行义务。

第二章 合伙企业的名称和主要经营场所的地点

第五条 合伙企业名称：____

第六条 企业经营场所：____

第三章 合伙目的、合伙经营范围和合伙期限

第七条 合伙目的：____

第八条 合伙经营范围：____

____

____

第九条 合伙期限：__________

第四章 合伙人的姓名或者名称、住所

第十条 合伙人______个，分别是：

1. __________

住所（址）：____，

证件名称：____，

证件号码：____；

合伙人类别：____

2. __________

住所（址）：____，

证件名称：____，

证件号码：____；

合伙人类别：____

第五章 合伙人的出资方式、数额和缴付期限

第十一条 合伙人的出资方式、数额和缴付期限：

1. 合伙人：__________

以______认缴出资______万元。

首期实缴出资______万元，在申请合伙企业设立登记前缴纳，认缴出资额应该在______前缴足。

2. 合伙人：__________

以______认缴出资______万元。

首期实缴出资______万元，在申请合伙企业设立登记前缴纳，认缴出资额应该在______前缴足。

第六章 利润分配、亏损分担方式

第十二条 合伙企业的利润由合伙人按照实缴出资比例分配。

第十三条 合伙企业的亏损由合伙人按照实缴出资比例分担。

第七章 合伙事务的执行

第十四条 经全体合伙人决定，委托______个合伙人对外代表合伙企业，执行合伙事务。作为合伙人的法人、其他组织执行合伙事务的，由其委派的代表执行。其他合伙人不再执行合伙事务。

第十五条 不执行合伙事务的合伙人有权监督执行事务合伙人执行合伙事务的情况。执行事务合伙人应当定期向其他合伙人报告事务执行情况以及合伙企业的经营和财务状况，其执行合伙事务所产生的收益归合伙企业，所产生的费用和亏损由合伙企业承担。

第十六条 合伙人分别执行合伙事务的，执行事务合伙人可以对其他合伙人执行的事务提出异议。提出异议时，应当暂停该事务的执行。如果发生争议，依照本协议第十六条的规定作出表决。受委托执行合伙事务的合伙人不按照合伙协议或者全体合伙人的决定执行事务的，其他合伙人可以决定撤销该委托。

第十七条 合伙人对合伙企业有关事项作出决议，实行合伙人一人一票并经全体

合伙人过半数通过的表决办法。

第十八条 合伙企业的下列事项应当经全体合伙人一致同意：

（一）改变合伙企业的名称；

（二）改变合伙企业的经营范围、主要经营场所的地点；

（三）处分合伙企业的不动产；

（四）转让或者处分合伙企业的知识产权和其他财产权利；

（五）以合伙企业名义为他人提供担保；

（六）聘任合伙人以外的人担任合伙企业的经营管理人员。

第十九条 合伙人不得自营或者同他人合作经营与本合伙企业相竞争的业务；除经全体合伙人一致同意外，合伙人不得同本合伙企业进行交易。合伙人不得从事损害本合伙企业利益的活动。

第二十条 合伙人经全体合伙人决定，可以增加或者减少对合伙企业的出资。

第八章 入伙与退伙

第二十一条 新合伙人入伙，经全体合伙人一致同意（注：也可依据《合伙企业法》第四十三条的规定在本条约定其它同意方式），依法订立书面入伙协议。订立入伙协议时，原合伙人应当向新合伙人如实告知原合伙企业的经营状况和财务状况。入伙的新合伙人与原合伙人享有同等权利，承担同等责任（注：也可依据《合伙企业法》第四十四条的规定在本条约定新合伙人的其它权利和责任）。新合伙人对入伙前合伙企业的债务承担无限连带责任。经全体合伙人一致同意，普通合伙人可以转变为有限合伙人，或者有限合伙人可以转变为普通合伙人。有限合伙人转变为普通合伙人的，对其作为有限合伙人期间的合伙企业发生的债务承担有限连带责任；普通合伙人转变为有限合伙人的，对其作为普通合伙人期间的合伙企业发生的债务承担无限连带责任。

第二十二条 合伙协议约定合伙期限的，在合伙企业存续期间，有《合伙企业法》第四十五条规定的情形之一的，合伙人可以退伙。

合伙协议未约定合伙期限的，合伙人在不给合伙企业事务执行造成不利影响的情况下，可以退伙，但应当提前三十日通知其他合伙人。

合伙人违反《合伙企业法》第四十五或四十六条规定退伙的，应当赔偿由此给合伙企业造成的损失。

第二十三条 合伙人有《合伙企业法》第四十八条规定的情形之一的，当然退伙。

退伙事由实际发生之日为退伙生效日。

第二十四条 合伙人有《合伙企业法》第四十九条规定的情形之一的，经其他合伙人一致同意，可以决议将其除名。

对合伙人的除名决议应当书面通知被除名人。被除名人接到除名通知之日，除名生效，被除名人退伙。被除名人对除名决议有异议的，可以自接到除名通知之日起三十日内，向人民法院起诉。

第二十五条 合伙人死亡或者被依法宣告死亡的，对该合伙人在合伙企业中的财产份额享有合法继承权的继承人，经全体合伙人一致同意，从继承开始之日起，取得该合伙企业的合伙人资格。

有《合伙企业法》第五十条规定的情形之一，合伙企业应当向合伙人的继承人退还被继承合伙人的财产份额。

第二十六条 合伙人退伙，其他合伙人应当与该退伙人按照退伙时的合伙企业财产状况进行结算，退还退伙人的财产份额。退伙人对给合伙企业造成的损失负有赔偿责任的，相应扣减其应当赔偿的数额。退伙时有未了结的合伙企业事务的，待该事务了结后进行结算。

退伙人在合伙企业中的财产份额，经全体合伙人决定，可以退还货币，也可以退还实物。

第二十七条 合伙人退伙后，对基于其退伙前的原因发生的合伙企业债务，承担无限连带责任；退伙时，合伙企业财产少于合伙企业债务的，该退伙人应当依照本协议第十三条的规定分担亏损。

第九章 争议解决办法

第二十八条 合伙人履行合伙协议发生争议的，合伙人可以通过协商或者调解解决。不愿通过协商、调解解决或者协商、调解不成的，可以向人民法院起诉，也可依据《合伙企业法》第一百零三条的规定在本条约定向仲裁机构申请仲裁。

第十章 合伙企业的解散与清算

第二十九条 合伙企业有下列情形之一的，应当解散：

（一）合伙期限届满，合伙人决定不再经营；

（二）合伙协议约定的解散事由出现；

（三）全体合伙人决定解散；

（四）合伙人已不具备法定人数满三十天；

（五）合伙协议约定的合伙目的已经实现或者无法实现；

（六）依法被吊销营业执照、责令关闭或者被撤销；

（七）法律、行政法规规定的其他原因。

第三十条 合伙企业应当按《合伙企业法》的规定进行清算。

清算期间，合伙企业存续，但不得开展与清算无关的经营活动。

合伙企业财产在支付清算费用和职工工资、社会保险费用、法定补偿金以及缴纳所欠税款、清偿债务后的剩余财产，依照本协议第十二条的规定进行分配。

第三十一条 清算结束，清算人应当编制清算报告，经全体合伙人签名、盖章后，在十五日内向企业登记机关报送清算报告，申请办理合伙企业注销登记。

第十一章　违约责任

第三十二条　合伙人违反合伙协议的，应当依法承担违约责任。

第十二章　其他事项

第三十三条　经全体合伙人协商一致同意（注：也可根据《合伙企业法》第十九条第二款的规定在本条约定其它同意方式），可以修改或者补充合伙协议。

第三十四条　本协议一式_____份，合伙人各持一份，并报合伙企业登记机关一份。

本协议未尽事宜，按国家有关规定执行。

全体合伙人签名、盖章：（注：合伙人为自然人的应签名，为法人、其他组织的应加盖公章）

三、法律文书样式

民事起诉状（公民提起民事诉讼用）

民事起诉状

原告：×××，男/女，××××年××月××日生，×族，……（写明工作单位和职务或职业），住……。联系方式：……。

法定代理人/指定代理人：×××，……。

委托诉讼代理人：×××，……。

被告：×××，……。

……

（以上写明当事人和其他诉讼参加人的姓名或者名称等基本信息）

诉讼请求：

……

事实和理由：

……

证据和证据来源，证人姓名和住所：

……

此致

××××人民法院

附：本起诉状副本×份

起诉人（签名）
××××年××月××日

【说明】

1. 本样式根据《中华人民共和国民事诉讼法》第一百二十条第一款、第一百二十一条制定，供公民提起民事诉讼用。

2. 起诉应当向人民法院递交起诉状，并按照被告人数提出副本。

3. 原告应当写明姓名、性别、出生日期、民族、职业、工作单位、住所、联系方式。原告是无民事行为能力人或者限制民事行为能力人的，应当写明法定代理人的姓名、性别、出生日期、民族、职业、工作单位、住所、联系方式，在诉讼地位后括注与原告的关系。

4. 起诉时已经委托诉讼代理人的，应当写明委托诉讼代理人的基本信息。

5. 被告是自然人的，应当写明姓名、性别、工作单位、住所等信息；被告是法人或者其他组织的，应当写明名称、住所等信息。

6. 原告在起诉状中直接列写第三人的，视为其申请人民法院追加该第三人参加诉讼。是否通知第三人参加诉讼，由人民法院审查决定。

7. 起诉状应当由本人签名。

民事起诉状（法人或者其他组织提起民事诉讼用）

民事起诉状

原告：×××，住所……。

法定代表人/主要负责人：×××，……（写明职务），联系方式：……。

委托诉讼代理人：×××，……。

被告：×××，……。

……

（以上写明当事人和其他诉讼参加人的姓名或者名称等基本信息）

诉讼请求：

……

事实和理由：

……

证据和证据来源，证人姓名和住所：

……

此致

××××人民法院

附：本起诉状副本×份

起诉人（公章和签名）

××××年××月××日

【说明】

1. 本样式根据《中华人民共和国民事诉讼法》第一百二十条第一款、第一百二十一条制定，供法人或者其他组织提起民事诉讼用。

2. 起诉应当向人民法院递交起诉状，并按照被告人数提出副本。

3. 起诉时已经委托诉讼代理人的，应当写明委托诉讼代理人的基本信息。

4. 被告是自然人的，应当写明姓名、性别、工作单位、住所等信息；被告是法人或者其他组织的，应当写明名称、住所等信息。

5. 原告在起诉状中直接列写第三人的，视为其申请人民法院追加该第三人参加诉讼。是否通知第三人参加诉讼，由人民法院审查决定。

6. 起诉状应当加盖单位印章，并由法定代表人或者主要负责人签名。

民事答辩状（公民对民事起诉提出答辩用）

民事答辩状

答辩人：×××，男/女，××××年××月××日生，×族，……（写明工作单位和职务或职业），住……。联系方式：……。

法定代理人/指定代理人：×××，……。

委托诉讼代理人：×××，……。

（以上写明答辩人和其他诉讼参加人的姓名或者名称等基本信息）

对××××人民法院（××××）……民初……号……（写明当事人和案由）一案的起诉，答辩如下：

……（写明答辩意见）。

证据和证据来源，证人姓名和住所：

……

此致

××××人民法院

附：本答辩状副本×份

答辩人（签名）

××××年××月××日

【说明】

1. 本样式根据《中华人民共和国民事诉讼法》第一百二十五条制定，供公民对民事起诉提出答辩用。

2. 被告应当在收到起诉状副本之日起十五日内提出答辩状。被告在中华人民共和国领域内没有住所的，应当在收到起诉状副本后三十日内提出答辩状。被告申请延期答辩的，是否准许，由人民法院决定。

3. 答辩状应当记明被告的姓名、性别、出生日期、民族、工作单位、职业、住所、联系方式。

4. 答辩时已经委托诉讼代理人的，应当写明委托诉讼代理人的基本信息。

5. 答辩状应当由本人签名。

民事答辩状（法人或者其他组织对民事起诉提出答辩用）

民事答辩状

答辩人：×××，住所地……。

法定代表人/主要负责人：×××，……（写明职务），联系方式：……。

委托诉讼代理人：×××，……。

（以上写明答辩人和其他诉讼参加人的姓名或者名称等基本信息）

对××××人民法院（××××）……民初……号……（写明当事人和案由）一案的起诉，答辩如下：

……（写明答辩意见）。

证据和证据来源，证人姓名和住所：

……

此致

××××人民法院

附：本答辩状副本×份

答辩人（公章和签名）

××××年××月××日

【说明】

1. 本样式根据《中华人民共和国民事诉讼法》第一百二十五条制定，供法人或者其他组织对民事起诉提出答辩用。

2. 被告应当在收到起诉状副本之日起十五日内提出答辩状。被告在中华人民共和国领域内没有住所的，应当在收到起诉状副本后三十日内提出答辩状。被告申请延期答辩的，是否准许，由人民法院决定。

3. 答辩时已经委托诉讼代理人的，应当写明委托诉讼代理人的基本信息。

4. 答辩状应当加盖单位印章，并由法定代表人或者主要负责人签名。

民事上诉状（当事人提起上诉用）

民事上诉状

上诉人（原审诉讼地位）：×××，男/女，××××年××月××日出生，×族，……（写明工作单位和职务或者职业），住……。联系方式：……。

法定代理人/指定代理人：×××，……。

委托诉讼代理人：×××，……。

被上诉人（原审诉讼地位）×××，……。

……

（以上写明当事人和其他诉讼参加人的姓名或者名称等基本信息）

×××因与×××……（写明案由）一案，不服××××人民法院××××年××月××日作出的（××××）……号民事判决/裁定，现提起上诉。

上诉请求：

……

上诉理由：

……

此致

××××人民法院

附：本上诉状副本×份

上诉人（签名或者盖章）

××××年××月××日

【说明】

1. 本样式根据《中华人民共和国民事诉讼法》第一百六十四条、第一百六十五条、第一百六十六条、第二百六十九条制定，供不服第一审人民法院民事判决或者裁定的当事人，向上一级人民法院提起上诉用。

2. 当事人是法人或者其他组织的，写明名称住所。另起一行写明法定代表人、主要负责人及其姓名、职务、联系方式。

3. 当事人不服地方人民法院第一审判决的，有权在判决书送达之日起十五日内向上一级人民法院提起上诉。当事人不服地方人民法院第一审裁定的，有权在裁定书送达之日起十日内向上一级人民法院提起上诉。在中华人民共和国领域内没有住所的当事人，不服第一审人民法院判决、裁定的，有权在判决书、裁定书送达之日起三十日内提起上诉。

4. 上诉状的内容，应当包括当事人的姓名，法人的名称及其法定代表人的姓名或者其他组织的名称及其主要负责人的姓名；原审人民法院名称、案件的编号和案由；上诉的请求和理由。

5. 上诉状应当通过原审人民法院提出，并按照对方当事人或者代表人的人数提出副本。

6. 有新证据的，应当在上诉理由之后写明证据和证据来源，证人姓名和住所。

民事判决书（第一审普通程序用）

××××人民法院

民事判决书

（××××）……民初……号

原告：×××，男/女，××××年××月××日出生，×族，……（工作单位和职务或者职业），住……。

法定代理人/指定代理人：×××，……。

委托诉讼代理人：×××，……。

被告：×××，住所地……。

法定代表人/主要负责人：×××，……。

委托诉讼代理人：×××，……。

第三人：×××，……。

法定代理人/指定代理人/法定代表人/主要负责人：×××，……。

委托诉讼代理人：×××，……。

（以上写明当事人和其他诉讼参加人的姓名或者名称等基本信息）

原告×××与被告×××、第三人×××……（写明案由）一案，本院于××××年××月××日立案后，依法适用普通程序，公开/因涉及……（写明不公开开庭的理由）不公开开庭进行了审理。原告×××、被告×××、第三人×××（写明当事人和其他诉讼参加人的诉讼地位和姓名或者名称）到庭参加诉讼。本案现已审理终结。

×××向本院提出诉讼请求：1. ……；2. ……（明确原告的诉讼请求）。事实和理由：……（概述原告主张的事实和理由）。

×××辩称，……（概述被告答辩意见）。

×××诉/述称，……（概述第三人陈述意见）。

当事人围绕诉讼请求依法提交了证据，本院组织当事人进行了证据交换和质证。对当事人无异议的证据，本院予以确认并在卷佐证。对有争议的证据和事实，本院认定如下：1. ……；2. ……（写明法院是否采信证据，事实认定的意见和理由）。

本院认为，……（写明争议焦点，根据认定的事实和相关法律，对当事人的诉讼请求作出分析评判，说明理由）。

综上所述，……（对当事人的诉讼请求是否支持进行总结评述）。依照《中华人民共和国……法》第×条、……（写明法律文件名称及其条款项序号）规定，判决如下：

一、……；

二、……。

（以上分项写明判决结果）

如果未按本判决指定的期间履行给付金钱义务，应当依照《中华人民共和国民事诉讼法》第二百五十三条规定，加倍支付迟延履行期间的债务利息（没有给付金钱义务的，不写）。

案件受理费……元，由……负担（写明当事人姓名或者名称、负担金额）。

如不服本判决，可以在判决书送达之日起十五日内，向本院递交上诉状，并按照对方当事人或者代表人的人数提出副本，上诉于××××人民法院。

审判长　×××

审判员　×××

审判员　×××

××××年××月××日

（院印）

本件与原本核对无异

书记员　×××

【说明】

1. 依据。本样式根据《中华人民共和国民事诉讼法》第一百五十二条等制定，供人民法院适用第一审普通程序开庭审理民事案件终结后，根据已经查明的事实、证据和有关的法律规定，对案件的实体问题作出判决用。除有特别规定外，其他民事判决书可以参照本判决书样式和说明制作。

2. 标题。标题由法院名称、文书名称、案号组成。

依照《中华人民共和国民事诉讼法》第一百五十三条规定就一部分事实先行判决的，第二份民事判决书开始可在案号后缀“之一”“之二”……，以示区别。

3. 首部。首部依次写明诉讼参加人基本情况、案件由来和审理经过。

（1）诉讼参加人基本情况。

第一，诉讼参加人包括当事人、诉讼代理人。全部诉讼参加人均分行写明。

第二，当事人诉讼地位写明“原告”“被告”。反诉的写明“原告（反诉被告）”“被告（反诉原告）”。有独立请求权第三人或者无独立请求权第三人，均写明“第三人”。

当事人是自然人的，写明姓名、性别、出生年月日、民族、工作单位和职务或者职业、住所。外国人写明国籍，无国籍人写明“无国籍”；港澳台地区的居民分别写明“香港特别行政区居民”“澳门特别行政区居民”“台湾地区居民”。

共同诉讼代表人参加诉讼的，按照当事人是自然人的基本信息内容写明。

当事人是法人或者其他组织的，写明名称、住所。另起一行写明法定代表人或者主要负责人及其姓名、职务。

当事人是无民事行为能力人或者限制民事行为能力人的，写明法定代理人或者指定代理人及其姓名、住所，并在姓名后括注与当事人的关系。

当事人及其法定代理人有委托诉讼代理人的，写明委托诉讼代理人的诉讼地位、姓名。委托诉讼代理人是当事人近亲属的，近亲属姓名后括注其与当事人的关系，写明住所；委托诉讼代理人是当事人本单位工作人员的，写明姓名、性别及其工作人员身份；委托诉讼代理人是律师的，写明姓名、律师事务所的名称及律师执业身份；委托诉讼代理人是基层法律服务工作者的，写明姓名、法律服务所名称及基层法律服务工作者执业身份；委托诉讼代理人是当事人所在社区、单位以及有关社会团体推荐的公民的，写明姓名、性别、住所及推荐的社区、单位或有关社会团体名称。

委托诉讼代理人排列顺序，近亲属或者本单位工作人员在前，律师、法律工作者、被推荐公民在后。

委托诉讼代理人为当事人共同委托的，可以合并写明。

（2）案件由来和审理经过。案件由来和审理经过，依次写明当事人诉讼地位和姓名或者名称、案由、立案日期、适用普通程序、开庭日期、开庭方式、到庭参加诉讼人员、未到庭或者中途退庭诉讼参加人、审理终结。

不公开审理的，写明不公开审理的理由，例："因涉及国家秘密"或者"因涉及个人隐私"或者"因涉及商业秘密，×××申请"或者"因涉及离婚，×××申请"。

当事人及其诉讼代理人均到庭的，可以合并写明。例："原告×××及其委托诉讼代理人×××、被告×××、第三人×××到庭参加诉讼。"

诉讼参加人均到庭参加诉讼的，可以合并写明，例："本案当事人和委托诉讼代理人均到庭参加诉讼。"

当事人经合法传唤未到庭参加诉讼的，写明："×××经传票传唤无正当理由拒不到庭参加诉讼。"或者"×××经公告送达开庭传票，未到庭参加诉讼。"

当事人未经法庭许可中途退庭的，写明："×××未经法庭许可中途退庭。"

诉讼过程中，如果存在指定管辖、移送管辖、程序转化、审判人员变更、中止诉讼等情形，应当同时写明。

4. 事实。事实部分主要包括：原告起诉的诉讼请求、事实和理由，被告答辩的事实和理由，人民法院认定的证据和事实。

（1）当事人诉辩意见。诉辩意见包括原告诉称、被告辩称，有第三人的，还包括第三人诉（述）称。

第一，原告诉称包括原告诉讼请求、事实和理由。先写诉讼请求，后写事实和理由。诉讼请求两项以上的，用阿拉伯数字加点号分项写明。

诉讼过程中增加、变更、放弃诉讼请求的，应当连续写明。增加诉讼请求的，写明："诉讼过程中，×××增加诉讼请求：……。"变更诉讼请求的，写明："诉讼过程中，×××变更……诉讼请求为：……。"放弃诉讼请求的，写明："诉讼过程中，×××放弃……的诉讼请求。"

第二，被告辩称包括对诉讼请求的意见、事实和理由。被告承认原告主张的全部事实的，写明："×××承认×××主张的事实。"被告承认原告主张的部分事实的，先写明："×××承认×××主张的……事实。"后写明有争议的事实。

被告承认全部诉讼请求的，写明："×××承认×××的全部诉讼请求。"被告承认部分诉讼请求的，写明被告承认原告的部分诉讼请求的具体内容。

被告提出反诉的，写明："×××向本院提出反诉请求：1……；2……。"后接反诉的事实和理由。再另段写明："×××对×××的反诉辩称，……。"

被告未作答辩的，写明："×××未作答辩。"

第三，第三人诉（述）称包括第三人主张、事实和理由。有独立请求权的第三人，写明："×××向本院提出诉讼请求：……。"后接第三人请求的事实和理由。再另段写明原告、被告对第三人的诉讼请求的答辩意见："×××对×××的诉讼请求辩称，……。"

无独立请求权第三人，写明："×××述称，……。"第三人未作陈述的，写明："×××未作陈述。"

原告、被告或者第三人有多名，且意见一致的，可以合并写明；意见不同的，应当分别写明。

（2）证据和事实认定。对当事人提交的证据和人民法院调查收集的证据数量较多的，原则上不一一列举，可以附证据目录清单。

对当事人没有争议的证据，写明："对当事人无异议的证据，本院予以确认并在卷佐证。"

对有争议的证据，应当写明争议证据的名称及法院对争议证据的认定意见和理由；对争议的事实，应当写明事实认定意见和理由。

争议的事实较多的，可以对争议事实分别认定；针对同一事实有较多争议证据的，可以对争议的证据分别认定。

对争议的证据和事实，可以一并叙明；也可以先单独对争议证据进行认定后，另段概括写明认定的案件基本事实："根据当事人陈述和经审查确认的证据，本院认定事实如下：……。"

对于人民法院调取的证据、鉴定意见，经庭审质证后，按照是否有争议分别写明。

召开庭前会议或者在庭审时归纳争议焦点的，应当写明争议焦点。争议焦点的摆放位置，可以根据争议的内容处理。争议焦点中有证据和事实内容的，可以在当事人诉辩意见之后写明。争议焦点主要是法律适用问题的，可以在本院认为部分，先写明争议焦点，再进行说理。

5. 理由。理由应当围绕当事人的诉讼请求，根据认定的事实和相关法律，逐一评判并说明理由。

理由部分，有争议焦点的，先列争议焦点，再分别分析认定，后综合分析认定。

没有列争议焦点的，直接写明裁判理由。

被告承认原告全部诉讼请求，且不违反法律规定的，只写明："被告承认原告的诉讼请求，不违反法律规定。"

就一部分事实先行判决的，写明："本院对已经清楚的部分事实，先行判决。"

经审判委员会讨论决定的，在法律依据引用前写明："经本院审判委员会讨论决定，……。"

6. 裁判依据。在说理之后，作出判决前，应当援引法律依据。

分项说理后，可以另起一段，综述对当事人诉讼请求是否支持的总结评价，后接法律依据，直接引出判决主文。说理部分已经完成，无需再对诉讼请求进行总结评价的，直接另起一段援引法律依据，写明判决主文。

援引法律依据，应当依照《最高人民法院关于裁判文书引用法律、法规等规范性法律文件的规定》处理。

法律文件引用顺序，先基本法律，后其他法律；先法律，后行政法规和司法解释；先实体法，后程序法。实体法的司法解释可以放在被解释的实体法之后。

7. 判决主文。判决主文两项以上的，各项前依次使用汉字数字分段写明。

单项判决主文和末项判决主文句末用句号，其余判决主文句末用分号。如果一项判决主文句中有分号或者句号的，各项判决主文后均用句号。

判决主文中可以用括注，对判项予以说明。括注应当紧跟被注释的判决主文。例：（已给付……元，尚需给付……元）；（已给付……元，应返还……元）；（已履行）；（按双方订立的《××借款合同》约定的标准执行）；（内容须事先经本院审查）；（清单详见附件）等等。

判决主文中当事人姓名或者名称应当用全称，不得用简称。

金额，用阿拉伯数字。金额前不加“人民币”；人民币以外的其他种类货币的，金额前加货币种类。有两种以上货币的，金额前要加货币种类。

8. 尾部。尾部包括迟延履行责任告知、诉讼费用负担、上诉权利告知。

（1）迟延履行责任告知。判决主文包括给付金钱义务的，在判决主文后另起一段写明：“如果未按本判决指定的期间履行给付金钱义务，应当依照《中华人民共和国民事诉讼法》第二百五十三条规定，加倍支付迟延履行期间的债务利息。”

（2）诉讼费用负担根据《诉讼费用交纳办法》决定。

案件受理费，写明：“案件受理费……元”。

减免费用的，写明：“减交……元”或者“免予收取”。

单方负担案件受理费的，写明：“由×××负担”。

分别负担案件受理费的，写明：“由×××负担……元，×××负担……元。”

（3）告知当事人上诉权利。当事人上诉期为15日。在中华人民共和国领域内没有住所的当事人上诉期为30日。同一案件既有当事人的上诉期为15日又有当事人的上诉期为30的，写明：“×××可以在判决书送达之日起十五日内，×××可以在判决书送达之日起三十日内，……。”

9. 落款。落款包括合议庭署名、日期、书记员署名、院印。

合议庭的审判长，不论审判职务，均署名为“审判长”；合议庭成员有审判员的，署名为“审判员”；有助理审判员的，署名为“代理审判员”；有陪审员的，署名为“人民陪审员”。书记员，署名为“书记员”。

合议庭按照审判长、审判员、代理审判员、人民陪审员的顺序分行署名。

落款日期为作出判决的日期，即判决书的签发日期。当庭宣判的，应当写宣判的日期。

两名以上书记员的，分行署名。

落款应当在同一页上，不得分页。落款所在页无其他正文内容的，应当调整行距，不写“本页无正文”。

院印加盖在审判人员和日期上，要求骑年盖月、朱在墨上。

加盖“本件与原本核对无异”印戳。

10. 附录。确有必要的，可以另刊附录。